IMAGENS IMÓVEIS

JANET MALCOLM

Imagens imóveis
Sobre fotografia e memória

Tradução
Paulo Henriques Britto

COMPANHIA DAS LETRAS

Copyright © 2023 by Anne Malcolm
Publicado em acordo com Farrar, Straus and Giroux, Nova York
Copyright introdução © 2023 by Ian Frazier
Copyright posfácio © 2023 by Anne Malcolm
Todos os direitos reservados.

"Rosas e peônias", "A menina no trem", "Klara", "Jiřina e Hanka", "Slečna" e "Papai" foram publicadas originalmente em 29 out. 2018, no número da revista *The New Yorker* intitulado "Six Glimpses of the Past" [Seis vislumbres do passado]. "Paixão" saiu em 9 abr. 2020 na revista *The New York Review of Books*. "Sam Chwat" foi publicado pela *The New York Review of Books* em 24 set. 2020, no número intitulado "A Second Chance" [Uma segunda chance]. "Uma obra de arte" foi publicado 19 jul. 2018, na revista *The New York Review of Books*.
A fotografia de Slečna Vaňková é de autoria de Marjory Collins/ Cortesia da Library of Congress. As demais fotografias do livro são cortesia da autora.

Grafia atualizada segundo o Acordo Ortográfico da Língua Portuguesa de 1990, que entrou em vigor no Brasil em 2009.

Título original Still Pictures: On Photography and Memory

Capa Mariana Metidieri inspirada no design de Na Kim

Foto de capa Cortesia da autora

Preparação Vadão Tagliavini

Revisão Érika Nogueira Vieira e Camila Saraiva

Dados Internacionais de Catalogação na Publicação (CIP)
(Câmara Brasileira do Livro, SP, Brasil)

Malcolm, Janet, 1934-2021
  Imagens imóveis : Sobre fotografia e memória /
Janet Malcolm ; tradução Paulo Henriques Britto. — 1ª ed. —
São Paulo : Companhia das Letras, 2024.

  Título original : Still Pictures : On Photography and
Memory.
  ISBN 978-85-359-3651-3

  1. Jornalistas – Estados Unidos – Autobiografia
2. Malcolm, Janet 3. Mulheres jornalistas – Estados Unidos –
Autobiografia I. Título.

23-179113   CDD-070.92

Índice para catálogo sistemático:
1. Jornalistas : Autobiografia 070.92

Cibele Maria Dias – Bibliotecária – CRB-8/9427

Todos os direitos desta edição reservados à
EDITORA SCHWARCZ S.A.
Rua Bandeira Paulista, 702, cj. 32
04532-002 — São Paulo — SP
Telefone: (11) 3707-3500
www.companhiadasletras.com.br
www.blogdacompanhia.com.br
facebook.com/companhiadasletras
instagram.com/companhiadasletras
twitter.com/cialetras

Sumário

Introdução — Ian Frazier 7

Rosas e peônias 17
A menina no trem 21
Klara 29
Jiřina e Hanka 35
Slečna 41
Papai 47
Na escola 53
Camp Happyacres 57
Francine e Jarmila 61
Quatro senhoras idosas 65
Cinema 71
Skromnost 77
Mamãe 83
Hugo Haas 91
Mais sobre mamãe 97
Fred e Ella Traub 101

Francine 113

Paixão 119

Atlantic City 127

Lugares ruins 135

Mary Worth 141

O apartamento 145

Sobre estar doente 151

Sam Chwat 153

Holbein 165

Uma obra de arte 167

Posfácio — Anne Malcolm 171

Notas 177

Introdução

Ian Frazier

Na primeira foto sua que Janet Malcolm reproduz neste livro, ela está com dois ou três anos, de chapéu e vestidinho de verão, sentada num degrau de pedra. Ela escreve que não se identifica com a criança da foto nem encara a menina como sendo ela. O leitor, ao ver a foto, tem uma reação diferente. A menininha é claramente uma pessoa a quem o mundo será grato quando ela crescer — uma futura *personagem*, cuja natureza extraordinária a câmera captou ainda na primeira infância. Mesmo sem esse aspecto profético, a foto nos prende a atenção porque a menininha é adorável.

Janet Malcolm escrevia não ficção como ninguém, conquistou um grande número de leitores fiéis, conhecia a diferença gritante entre o que é e o que não é prazer, e irritou algumas pessoas com sua escrita direta e por vezes áspera. Depois que nos tornamos amigos, e que vi aquela foto entre outras na parede do seu apartamento, passei a ver aquela pequena personagem como uma parte dela que ainda sobrevivia. Eu adorava Janet, e lhe disse isso não muito tempo antes de sua morte. Voltando para casa de trem, me horrorizei por ter deixado escapar uma declaração tão arriscada, nem um pouco *cool*, e esta sensação ainda me volta, atenuada, ao mencioná-la agora. Ao mesmo tempo, creio que acertei ao fazê-la, por ser verdadeira, e imagino que Janet a aceitou por esse motivo, não a considerando excessivamente *over*.

Escrevo cerca de dez semanas depois da morte dela, de modo que provavelmente não terei o distanciamento que é desejável na apreciação geral de uma obra. Numa sexta-feira eu estava conversando com ela ao telefone, como havíamos feito tantas vezes durante os doze anos em que fomos amigos (quando não conversávamos, trocávamos e-mails quase diariamente); e alguns dias depois, numa quarta, ela faleceu. A sensação de que estou dando continuidade a uma conversa interrompida com minha amiga que de súbito se tornou ausente permanece tão forte que intensifica minha crença na existência de alguma coisa depois da morte. E. B. White uma vez comentou que o escritor escreve até morrer. No meu colóquio agora unilateral com Janet, eu me pergunto se um escritor (no caso, escritora) para de escrever mesmo morrendo. Janet tinha boas ideias para artigos cuja energia talvez ainda a esteja impelindo, onde quer que ela esteja no tempo-espaço ou no espaço-tempo, pensando nelas. Durante trinta ou quarenta anos ela escutou o mesmo programa radiofônico de música clássica numa estação de Nova York, sempre com a mesma apresentadora. Janet gostava da apresentadora, havia ficado sabendo de alguns detalhes da personalidade dela ao longo dos anos, e ocorreu-lhe escrever um perfil desta pessoa sem dizer (nem sequer tentar descobrir) como era a sua aparência física. A ideia era fazer com que o perfil se coadunasse com as condições de isolamento impostas pela pandemia; ela haveria de se concentrar exclusivamente na voz, talvez acrescentando alguns dados obtidos por telefone. Quando seu estado físico piorou a ponto de ela não poder fazer muito mais do que ficar deitada no sofá, Janet me disse que estava tendo umas ideias a respeito da impotência, da solidão e do final da vida que poderiam render um outro texto interessante. Percebi que o texto já existia em forma de rascunho na sua mente, cheio de possibilidades. Ela jamais o escreveu, nem sequer tomou notas para ele, que eu saiba. Mas acredito que mesmo assim o texto existe em algum lugar, e de algum modo continua em andamento.

Este livro reúne os últimos escritos que Janet nos deixou. Eles não se enquadram em nenhuma categoria básica. A autora desconfiava da biografia como forma e encarava com muito ceticismo a autobiografia. Em 2010, ela publicou na *New York Review of Books* um pequeno artigo no qual listava alguns dos riscos que uma pessoa corria ao escrever sobre si própria, entre eles o desejo de parecer interessante e o conflito entre amor-próprio e objetividade jornalística.

Janet era também uma boa artista plástica, que entendia de fotografia com base em sua própria experiência de tirar fotos. Nós dois costumávamos trocar fotos de "ervas daninhas". Ela não acreditava no conceito de erva daninha, e me dava força no meu hábito de manter meu gramado malcuidado — ou seja, cheio de mato — no subúrbio onde moro. As fotos que ela tirava de ervas daninhas tinham um ar selvagem, caótico, fabuloso. Já as minhas fotos apenas pareciam fotos de mato. Recentemente li a respeito de um jardineiro que afirmava que as bardanas são horríveis. A bardana é aquela planta com folhas grandes que brota em terrenos com obras em construção, cujas favas cobertas de espinhos acabam se prendendo no pelo do seu cachorro, e parecem servir de modelo estrutural para o coronavírus. Janet tirou centenas de fotos de folhas de bardana — elas são comidas por insetos, e quando apodrecem tornam-se interessantes, lembrando outros tipos de folhas semidestruídas (por exemplo, folhas de manuscritos antigos ou recentes) — e publicou 29 dessas fotos num livro intitulado *Burdock* [Bardana]. Num curto texto introdutório, ela explicou que estava tentando retratar folhas individuais de bardana com a mesma crueldade com que Richard Avedon fotografava indivíduos humanos. Sua tentativa deu certo; cada folha de bardana é uma vida, encarada de frente, épica, sofrida, dignificada.

A modalidade de arte plástica com que Janet mais trabalhava era a colagem. Entre as centenas de colagens que fez, algumas foram expostas em galerias nova-iorquinas, e agora pertencem a colecionadores particulares. Ela também adorava fazer marcadores de livros, seu tipo favorito de colagem. Tenho cinquenta ou setenta marcadores de livros que ela fez e me enviou. Uso-os na maior parte dos livros que leio, o que significa que não consigo mais encontrar todos eles. Em algum século futuro, um ou dois dos marcadores de Janet vão cair de dentro de um livro em algum sebo e surpreender seus descobridores. As colagens desses marcadores utilizam papéis da clínica psiquiátrica de seu pai, panfletos chineses de propaganda comunista, placas de "não perturbe" retiradas de hotéis soviéticos, recortes curiosos de jornais, selos de rações da Segunda Guerra Mundial, sequências de fotos de corpos em movimento feitas por Eadweard Muybridge, reproduções de pinturas clássicas, boletins da escola primária que ela frequentou... Janet fazia cópias xerox coloridas desses documentos e as reduzia a um tamanho que coubesse no marcador, depois as encaixava. Como verão os leitores desta coletânea, ela tinha um talento para escolher quais os papéis que valia a pena guardar.

Janet não classificou os textos aqui incluídos como memórias ou esboços autobiográficos; que eu me lembre, só se referia a eles por assunto. Qualquer que seja o nome que lhes dermos, ela chegou a eles através de fotografias, pelo seu lado de artista plástica. Essa abordagem era libertadora para Janet. Eu já havia lido todos esses textos antes de vê-los reunidos aqui, e ao fazer minha releitura me surpreendo e às vezes me entristeço por coisas que não havia percebido antes. Fiquei incomodado ao ler o trecho em que ela compara sua família fugindo dos nazistas a insetos que por acaso evitaram o jato de inseticida, mas agora compreendo a profundidade de sua intenção e da sua percepção do horror dessa imagem. A experiência do tempo da guerra comprometeu para sempre o equilíbrio psicológico de seus familiares. O segundo marido de Janet, Gardner Botsford, que desembarcou na Normandia no Dia D, também fez parte de uma unidade militar que liberou um campo de concentração. Ele jamais falou sobre essa experiência, nem a mencionou no livro em que relatou outros aspectos da sua atuação na guerra. Quando Gardner se tornou o editor de Janet na revista *New Yorker*, o trabalho dela se expandiu de modo extraordinário. Em meu contato pessoal com ele, Gardner era um homem elegante e galante, e um editor cuidadoso e intuitivo. Num nível emocional, é possível que Janet o visse como o americano heroico que a salvou.

Eu admirava o humor brilhante que estava presente em toda a vida e a obra de Janet, mas não compreendia que para ela isso constituía sua base fundamental. Janet tinha um senso de humor afiado e adorava se exibir, o que é visível desde o início, até mesmo na foto em que ela está sentada no degrau. Um dos textos incluídos aqui relembra um episódio em que, num passeio de carro com a tia, o tio e uma prima, Janet conta todas as piadas cabeludas que conhece. Na adolescência, eu também tinha meu lado exibicionista, mas contar piadas cabeludas para um casal de tios teria sido demais para mim, e a atitude dela me impressiona. Na Universidade de Michigan, Janet e o primeiro marido, Donald Malcolm, escreviam para uma revista de humor chamada *Gargoyle*. Tenho três números desta publicação, de 1952 e 1953, que me foram dados por Janet. Ela escrevia artigos com títulos como

"O encontro entre os gêmeos Bobsey* e Ezra Pound", que promoviam choques hilariantes entre alta cultura e a cultura de massa — no caso em questão, entre o gênero de histórias de detetives infantis e a poesia do primeiro modernismo. Quando Janet manda cartas irônicas de Ann Arbor para a mãe saudosa, o pai lhe escreve implorando para que ela tenha piedade e escreva coisas "não gargoylianas". Mais tarde, Janet afirma que foi insensibilidade sua ter ignorado os pedidos do pai. Discordo; é demais exigir piedade de uma jovem universitária ligada em humor. Nesses artigos, ela classifica o humor tcheco da comunidade de imigrantes de que sua família fazia parte em dois tipos: um, horrivelmente desajeitado, arrogante e sem graça; o outro, lúdico e perigoso. O segundo tipo a fascina; o primeiro está quase abaixo do desprezo. O humor que Janet manifestou ao longo de toda a sua vida era uma versão americanizada do humor dadaísta, absurdo, lúdico e perigoso da vanguarda tcheca. Em suma, como ela afirma várias vezes, Janet gostava de brincadeiras pesadas. Para compreender sua obra, é preciso ter em mente que, no fundo ou mesmo à primeira vista, o que ela faz normalmente contém um pouco de brincadeira pesada.

Janet escreveu esses artigos com base num nível de sabedoria que só foi possível atingir após uma longa existência, e que quase ninguém atinge em qualquer idade. O que é talvez a frase inicial mais famosa de toda a literatura — "Todas as famílias felizes se parecem", de *Anna Kariênina* — sempre me deixou intrigado; pois, para começo de conversa, é mesmo verdade que todas as famílias felizes são semelhantes? (Também não é necessariamente verdade que a Gália fosse dividida em apenas três partes.) Em se-

---

* Personagens de uma série de romances para crianças publicados entre 1904 e 1979 e entre 1987 e 1992. (Todas as notas do tradutor estão no rodapé. As da autora, ao final do texto.)

gundo lugar, de que modo todas as famílias felizes se parecem? Nesse ponto, Janet vem ao auxílio de Tolstói. Num texto sobre sua avó, Janet afirma que embora ela (Janet) e sua irmã fizessem pouco da maioria das piadas contadas pelos membros mais velhos da família, as duas acreditavam que o humor da família "era da maior qualidade". Em seguida, acrescenta: "Todas as famílias felizes se parecem na medida em que seus filhos, de modo tocante, têm a ilusão da sua superioridade". A sabedoria contida nessa afirmação me deixou atônito. Passei toda a vida nutrindo precisamente essa ilusão, e só comecei a questioná-la depois que atingi a idade em que pude me inscrever no Medicare.* O insight de Janet a desfez de modo definitivo.

Eis uma outra frase notável, do artigo sobre sua professora tcheca, Slečna:

> Lugares de ócio e tempo desperdiçado, como a escola tcheca, são lugares propícios para a formação do hábito, que muitas de nós adquirimos na infância, de estar sempre apaixonadas por alguém.

Lugares assim estão espalhados por todo o país: salas de estudo nos colégios secundários, teatros vazios antes de ensaios de peças, arquibancadas de ginásio antes da aula de educação física, centros de recreação, bibliotecas de cidades do interior. Os jovens passam horas nesses lugares, sonhadores, perdidamente apaixonados. Uma ou duas páginas depois, Janet nos apresenta uma outra observação, ainda mais profunda, sobre ela própria e suas colegas "que amávamos em segredo e, sem termos consciência do fato, nos sentíamos mais seguras por nosso amor não ser correspondido. O prazer e o terror do amor correspondido viriam depois".

---

* Programa federal de custeio de gastos médicos, voltado principalmente para pessoas com mais de 65 anos.

Lembro-me do momento da minha vida em que tive consciência dessa sensação de segurança romântica, de um lado, e do prazer e terror da realidade, do outro; muitas pessoas, especialmente artistas, aproveitam tanto a primeira que acabam nunca se arriscando a provar a segunda. Mas a vida dobra a todos, querendo ou não, e o prazer e o terror acabam chegando mais cedo ou mais tarde.

Descrevendo os rituais da colônia de férias cristã (congregacional) que ela e a irmã frequentaram quando meninas, Janet afirma que se lembra melhor do lema pseudoindígena da colônia, e da prece coletiva antes das refeições, do que da maior parte das relíquias de sua infância. Ela gostava do lado religioso da colônia de férias, e acrescenta: "As crianças são criaturas místicas; elas percebem o que há de estranho em tudo. À medida que vamos nos acomodando à vida terrena, essa sensação morre aos poucos".

Mas para Janet não morreu. A vida terrena, tal como ela a vivenciava, continha efeitos numinosos, manifestações do outro mundo e figuras santificadas, como seu pai neurologista e psiquiatra, que ela diz ter sido "o mais delicado dos homens". O fato de eu ser cristão e ir à igreja a interessava. As atividades da igreja episcopal que frequento eram assuntos recorrentes nas nossas conversas. Alguns anos atrás, o marido da nossa ministra precisou de um transplante de pulmão, o que levantou a questão teológica e ética: devemos rezar para que um par de pulmões saudáveis se torne disponível? Ou seja, é certo rezar para que surja um doador de órgãos num acidente fatal que deixe os pulmões intactos? E, se possível, em breve? A questão interessava os lados filosófico e espiritual de Janet. Todos ficaram aliviados quando os pulmões apareceram (não sei bem como), o paciente ficou curado e nós deixamos para trás esse dilema.

Janet e a irmã foram matriculadas numa escola dominical luterana, como parte da estratégia autoprotetora adotada pelos pais no novo país. Ela sabia o que era frequentar uma igreja regularmente. Eu participava do culto das oito da manhã de domingo na minha igreja, e um dos motivos que me faziam ir era poder depois contar para ela como tinha sido. (O culto das oito horas é particularmente contemplativo, e nós que acordamos cedo para frequentá-lo formamos uma espécie de subgrupo especial dos episcopalianos.) Às vezes eu contava a Janet quais tinham sido as leituras bíblicas do dia, e ela lia os textos e conversávamos sobre eles. Ela gostava das Escrituras enquanto escritos, e como textos que davam o que pensar. Às vezes ela comentava que gostaria de ter fé, mas não conseguia. Nos domingos em que sentia dificuldade em sair da cama, eu me obrigava a ir à igreja mesmo assim. Quando eu acabava não indo, a decepção de Janet era perceptível; graças a ela, tornei-me um frequentador mais assíduo. Tudo se tornou mais complicado com a epidemia de covid, porque o prédio da igreja ficou fechado e a congregação se reunia via Zoom. O culto remoto, cheio de problemas técnicos, não era a mesma coisa. Agora voltamos a nos reunir às dez horas na igreja, e na semana passada a ministra me disse que o culto das oito ia recomeçar em breve. Senti uma pontada ao receber a notícia, pois fiquei pensando que eu e Janet conversaríamos sobre essa novidade.

Depois que ficou claro que a doença causaria sua morte em não muito tempo, Janet me perguntou se eu tinha algum conselho para lhe dar. Fiquei sem saber o que responder. Falar sobre o céu me parecia uma presunção ridícula, embora eu de certo modo acreditasse nele. Janet suportou dores físicas terríveis. Se me fosse possível sofrer aquela dor duas ou três horas por dia, para aliviar-lhe o sofrimento, eu toparia. Mas tudo o que me restava era dar conselhos a respeito da proximidade da morte. Cheguei mesmo a observar, evasivo, que não se podia excluir a possibilidade da existência do céu. Depois que Janet morreu, sonhei que o céu não ficava lá no alto, e sim a cerca de 75 metros acima do chão; ele circundava todo o globo terrestre, coexistindo com os arranha-céus, as montanhas, as nuvens e os aviões. Neste céu, a eternidade era uma coisa real e cotidiana, como acordar de manhã e se dar conta de que mais uma vez é quinta-feira.

Janet era uma escritora extraordinária e maravilhosa (ela talvez ficasse horrorizada ao ler isso). O prazer que lhe dava a literatura, inclusive seus próprios escritos, era ponderado e sutil. Ela nunca escreveu uma frase pretensiosa, e sugiro aos leitores destes artigos que examinem as frases uma por uma. O modo como elas realizam seu efeito permanece misterioso. Toda a força de uma existência está por trás delas. Continuo sem saber que conselhos eu poderia ter dado a Janet, mas gosto de pensar que ela está bem próxima, talvez a 75 metros de altitude, vivendo para todo o sempre numa esfera de prazer intenso e generoso.

Rosas e peônias

Estou olhando para duas imagens. A primeira é uma reprodução [originalmente] em cores do grande retrato de Louis-François Bertin pintado por Ingres em 1832. Bertin é um homem forte e corpulento na faixa dos sessenta, vestido de preto, sentado com as mãos postas sobre as coxas numa atitude assertiva, encarando o espectador com uma expressão de determinação e um toque de ironia. A segunda imagem é uma foto em preto e branco tirada na década de 1930 por um fotógrafo anônimo, que mostra uma menina de dois ou três anos sentada num degrau de pedra, trajando um vestidinho de verão com padrão de bolinhas e chapéu de aba larga — os olhos apertados por causa do sol, um meio sorriso nos lábios — com a mesma pose de Bertin, como se ela tivesse visto o quadro e o estivesse imitando.

Na verdade, a menina, tal como Bertin, está recorrendo inconscientemente ao repertório de poses estereotipadas de que a natureza dotou todas as criaturas e que percebemos menos na nossa própria espécie do que, por exemplo, nos gatos, esquilos e micos.

Ingres teve muita dificuldade ao pintar o retrato de Bertin. Ele começava e abandonava uma versão após a outra. Segundo seu biógrafo Walter Pach, ele chegou a chorar durante uma sessão, e Bertin confortou-o dizendo: "Meu caro Ingres, não se incomode comigo; acima de tudo, não fique se atormentando desse jeito. Quer começar meu quadro outra vez? Pode começar, com toda calma. Você nunca vai me cansar, e enquanto você quiser que eu venha, estou às suas ordens". Por fim, Ingres viu Bertin fora do estúdio — num jantar, segundo um relato, ou num café ao ar livre, segundo outro — assumindo a famosa pose, e percebeu que ali estava o seu retrato.

A menina da foto sou eu. Não faço ideia de onde ou quando a foto foi tirada. A roupa indica que foi nas férias de verão, e a minha idade é uma estimativa. Falo na "minha" idade, mas não me vejo como essa criança. Não tenho a menor sensação de identificação olhando para aquele rosto redondo, os braços magros, a pose absurdamente assertiva.

Se eu estivesse escrevendo uma autobiografia, teria de começar depois da época daquela foto. Minha primeira lembrança é de alguns anos mais tarde. Estou no interior, num belo dia no início do verão, e está havendo um festival na cidadezinha. Meninas de vestido branco fazem um desfile, espalhando pétalas de rosas brancas que elas levam em pequenas cestas. Quero participar também, mas não tenho uma cesta de pétalas. Uma tia bondosa vem me ajudar. Mais que depressa, ela colhe pétalas brancas de um arbusto em seu jardim e me entrega uma cesta cheia delas. Na mesma hora, percebo que as pétalas são de peônias e não de rosas. Fico triste. Sinto que fui passada para trás, que não me deram a coisa certa, e sim uma imitação.

Trago esta lembrança na memória a vida inteira, mas nunca

a examinei com atenção. Por que motivo esse desapontamento ganhou tamanho destaque entre outras tristezas da infância? Por que estas desapareceram sem deixar vestígio, enquanto aquele se tornou uma lembrança nítida? As crianças são conformistas. Será que eu ter ganhado pétalas da flor "errada" me afligiu tanto porque me separou das outras crianças, fazendo-me parecer diferente? Ou haveria algo mais nessa lembrança? Algo de primitivo, simbólico, essencial. As rosas são melhores do que as peônias? Quando rejeitei as pétalas de peônias, teria eu descoberto algo a respeito do mundo natural que, não fosse isso, permaneceria desconhecido para uma criança de cinco anos? As peônias florescem por pouco tempo, entre o final de maio e o início de junho. Somos tentados a comprá-las no florista, com seus lindos botões redondos, rosados ou brancos ou magenta. Mas quando as flores desabrocham, elas são irregulares e feiosas. A gente se arrepende de tê-las comprado. Às vezes seu perfume é delicioso, mas muitas vezes não têm cheiro nenhum. No jardim, a chuva as derruba, e depois é necessário prendê-las a estacas. As rosas florescem por todo o verão e resistem à chuva. Quanto mais se abrem no vaso, mais bonitas ficam. Sem dúvida, são superiores às peônias. A rosa é a rainha das flores.

A ideia de valores estéticos absolutos é discutível, decerto. Tendo a aceitá-la, mas às vezes a rejeito. Penso na menininha que de algum modo entrou nessa discussão num belo dia de verão, e começo a me identificar com ela.

A menina no trem

Uma foto em preto e branco, de nove por sete centímetros, mostra um homem, uma mulher e uma menininha olhando pela janela de um trem. No verso da foto leem-se as palavras, escritas à mão: "Partindo de Praga, julho de 1939". O homem e a mulher sorriem, e a expressão no rosto da menina se manifesta de modo mais poderoso e sucinto pela palavra tcheca *mrzutý* do que por qualquer palavra inglesa: *cross, grumpy, surly, sulky, sullen, morose, peevish* [variações de zangada, mal-humorada, emburrada, birrenta]. O caráter onomatopaico de *mrzutý* manifesta o sentimento de irritação que as palavras inglesas apenas indicam indiretamente.

O homem e a mulher são meu pai e minha mãe, aos 39 e 29 anos, e a criança sou eu, com pouco menos de cinco. Não me lembro dessa viagem de trem. Olhando para a foto, me pergunto onde estava minha irmã, Marie, com dois anos e meio. Talvez deitada no único assento da cabine, depois de chorar até adormecer? Segundo os relatos familiares sobre essa partida, minha irmã estava inconsolável por ter que se separar de sua ama.

O trem seguia rumo a Hamburgo, onde estava ancorado o transatlântico para o qual tínhamos comprado passagens, tendo como destino os Estados Unidos. Foi um dos últimos navios civis a partir da Europa para a América antes do início da guerra. Nós fomos dos poucos judeus que escaparam do destino dos outros por pura sorte, tal como uns poucos insetos aleatórios escapam do jato de inseticida. Os burocratas nazistas que nos concederam vistos em troca de propinas (segundo os relatos da família, compramos um cavalo de corrida para um homem da ss) decidiram — para arrancar mais dinheiro de nós — que viajaríamos na primeira classe do transatlântico. Não éramos ricos. Meu pai era médico e minha mãe trabalhava como advogada numa firma pequena. A família não tinha fortuna. Quando chegamos aos Estados Unidos, passamos um ano sendo sustentados por parentes. No transatlântico, meus pais vestiam trajes a rigor para jantar; eu e Marie ficávamos na cabine aos cuidados de uma camareira de bordo. Ainda me lembro do vestido que minha mãe usava para jantar no navio; talvez houvesse mais de um, mas este em particular ficou guardado no armário dela durante toda a minha infância. Era azul-escuro, com uns apliques. Um dia não o encontrei no armário, e quando perguntei a minha mãe onde estava, ela respondeu vagamente que o jogara fora havia algum tempo, junto com outras roupas que não queria mais. Sem dúvida, para ela o vestido não tinha o valor emocional que eu lhe atribuía.

Minhas recordações da viagem eram tão vagas quanto a explicação que minha mãe me deu a respeito da expulsão do vestido. Um furúnculo no meu braço teve que ser lancetado pelo médico de bordo, e no meio da manhã servia-se caldo de carne em copos de metal aos passageiros, deitados em espreguiçadeiras no convés, protegidos por cobertores xadrez em tons de cinza, preto e branco. Dou-me conta agora de como eram jovens meus pais quando emigramos. Eu sempre imaginava o passado tcheco deles como um enorme rochedo perante o presente americano. Encarava-o como um texto volumoso que reduzia o tempo por eles passado nos Estados Unidos a uma nota de rodapé, embora na verdade a maior porção da vida deles tivesse decorrido aqui. Até certo ponto, essa minha visão errônea de meus pais como exilados perpétuos decerto decorria do fato de que em casa falávamos tcheco. Isso me fazia pensar que eles eram essencialmente estrangeiros. Minha avó paterna, que falava muito pouco inglês, morava conosco, e falávamos tcheco por sua causa. Ela juntou-se a nós em 1941, quando os nazistas permitiram que alguns judeus idosos fossem embora da Tchecoslováquia. O mais provável é que o dinheiro, mais uma vez, tenha sido o que motivou os nazistas. Ela foi para Cuba, e de lá veio ficar conosco em Nova York.

Do nosso primeiro ano nos Estados Unidos, que passamos na casa de meus tios maternos no Brooklyn, não guardei quase nada. Não tenho nenhuma lembrança da casa, nem por dentro nem por fora. Não sei onde dormíamos, o que comíamos, o que fazíamos juntos. De minhas primas Eva e Helen, que eram mais velhas e provavelmente não gostaram daquela invasão, não me recordo. A imagem de um livro de Beatrix Potter, que foi motivo de uma briga, é o único memento obscuro da casa do Brooklyn. Mas tenho lembranças nítidas do jardim de infância em que fui matriculada em setembro.

Trata-se de recordações patéticas. Falam de uma criança ainda não familiarizada com a língua de seu novo país, e que fora largada, pelo visto sem nenhuma explicação, numa turma de vinte crianças e uma professora para quem aquela menina tinha alguma deficiência — seria o que hoje chamamos de criança "com necessidades especiais". A necessidade que eu tinha, é claro, era de uma intérprete. Talvez por ela própria ter pouco conhecimento do inglês, minha mãe não explicou à professora por que eu não entendia nem falava nada.

Eu ficava desenhando — guardo a imagem de crianças sentadas em cadeiras baixas diante de carteiras dispostas em círculo — porque desenhar eu sabia. Mas nunca entendia direito o que estava se passando, o que teve uma consequência memorável e infeliz. Eu tinha visto meus colegas trazerem dinheiro, moedinhas, em intervalos regulares, para entregar à professora. Então um dia ficou claro para que era o dinheiro: um passeio, do qual fui excluída por não ter pedido a contribuição a meus pais. Talvez tenha sido essa a minha primeira experiência complicada e autopunitiva do arrependimento.

De todas as minhas tentativas frustradas de entender o inglês, a mais patética foi talvez esta: ao final de cada dia, a professora do jardim de infância, uma moça bonitinha, dizia: "Goodbye, children" [Até logo, crianças]. Concluí que "Children" era o nome de uma das meninas da turma, e passei a nutrir a fantasia de que um dia eu haveria de me tornar a favorita a quem a professora dirigiria as palavras de despedida — ela diria: "Goodbye, Janet".

No verão de 1940, mudamo-nos para Yorkville, um bairro de Manhattan, a tempo de eu poder ser matriculada na primeira série da PS [Public School, escola pública] 82, na East Seventieth Street. Durante nossa estada no Brooklyn, meu pai havia estudado e passado no exame que o qualificou para exercer a medicina, e a vizinhança onde fomos morar, as East Seventies, com uma numerosa população de tchecos da classe trabalhadora, era um bom lugar para um médico que falava tcheco abrir um consultório. (As colônias húngara e alemã ficavam nas East Eighties.) Em Praga, meu pai atuara como psiquiatra e neurologista, e ele pretendia voltar a assumir essas especialidades. Mas, por ora, a única maneira de ele sustentar a família era se tornar médico de família para os tchecos de Yorkville. Na PS 82, não tive os problemas que havia sofrido no jardim de infância no Brooklyn. De algum modo, como mágica, eu adquiri meu segundo idioma. Tal como meu pai, só que sem intenção consciente, eu havia passado aquele primeiro ano estudando.

Minhas lembranças dos primeiros anos naquela escola são tão imprecisas quanto as da viagem de navio. A primeira recordação nítida vem da quarta série. Uma colega chamada Jean Rogers sentou-se a meu lado e perguntou se eu queria ser a melhor amiga dela. Até então, eu não tinha amigos. O pedido de Jean Rogers me fez sentir talvez a maior felicidade que eu já tivera na vida. O fato de ser inteiramente inesperado e espontâneo só fez intensificar seu efeito sobre mim. O conceito cristão de graça me vem à mente, e isso me transporta do momento de êxtase gratuito — a palavra "cristão" é o fulcro — para uma realidade dolorosa e vergonhosa da minha vida interior na infância.

Quando chegamos na América e fomos abrigados na casa de meus tios, que haviam vindo de Praga seis meses antes, mudamos de sobrenome, de Wiener para Winn, tal como eles mudaram o deles de Eisner para Edwards, temendo o antissemitismo, que não estava circunscrito à Alemanha nazista. Como precaução adicional, meus tios entraram para a igreja episcopal. Meus pais se recusaram a dar esse passo, porém matricularam a mim e Marie numa escola dominical luterana do nosso bairro, e nunca fizeram nem disseram nada que nos informasse da nossa origem judaica. Um dia, por fim, depois que uma de nós voltou da escola relatando com orgulho uma ofensa antissemita que nos havia sido ensinada por uma colega, eles decidiram que chegara a hora de nos dizer que éramos judeus. Era um pouco tarde demais. Já havíamos internalizado o antissemitismo da cultura, e ficamos chocadas e mortificadas de saber que não estávamos no lado dos "bons". Muitos anos depois, assumi e valorizei minha herança judaica. Mas durante a infância e a adolescência, eu a odiava, rejeitava e escondia.

Recusar a identidade judaica, é claro, não foi algo que aconteceu só comigo, como atesta a expressão *self-hating Jew* [judeu que odeia a si próprio]. Mas cada caso desse tipo de ansiedade é um caso. Se a minha ansiedade foi intensa, foi em parte porque meus pais não sabiam como se representar no novo país. Em Praga eles sabiam quem eram; faziam parte de uma comunidade de judeus não religiosos, nacionalistas, que falavam tcheco e viviam tranquilos em meio aos góis tchecos, identificando-se completamente com a cultura tcheca — ao contrário dos judeus de fala alemã, dos quais Franz Kafka foi o mais famoso. Isto é: eles pensavam que sabiam quem eram. Depois que os nazistas entraram em Praga em março de 1939, não fazia mais nenhuma diferença ser um judeu que falava alemão ou que falava tcheco, que acendia velas no Chanuká ou (como nós) que tomava sopa de carpa na noite de Natal. Todos os judeus constituíam uma praga que tinha que ser exterminada. Alguns dos cristãos tchecos revelaram-se menos amigos dos judeus do que pareciam ser. O antissemitismo era uma marca do Estado tcheco, como era de todos os outros países europeus. Assim, por exemplo, meu pai não pôde estudar literatura na Universidade Carolina de Praga porque os professores de literatura não aceitavam alunos judeus. Por isso ele resolveu cursar medicina. O medo que levou meus pais a mudar de sobrenome, de Wiener para Winn, não era de todo infundado: em 1939, havia antissemitismo também nos Estados Unidos, e eles não podiam ter certeza de que encontrariam refúgio aqui. Quando se convenceram de que isso era possível, a imaginação de suas filhas já havia sido profundamente afetada pelo seu temor.

Quem tirou a foto de meus pais e de mim na janela do trem? Por acaso, sei que foi um primo distante da minha mãe, chamado Jiří Kašpárek, que havia nos acompanhado até a estação. Ele permaneceu na Tchecoslováquia e sobreviveu, embora tivesse sido capturado e preso por suas atividades antinazistas. Ele não era judeu, ou ao menos não era judeu o bastante para estar na lista dos que seriam exterminados. Depois do golpe de Estado comunista de 1948, ele emigrou para os Estados Unidos e foi morar na Pensilvânia, onde trabalhou em planejamento urbano. Eu tinha fantasias românticas a respeito dele — quer dizer, em relação a minha mãe e ele: imaginava que tinha havido alguma coisa entre os dois, e que algo da empolgação desse caso amoroso (real ou imaginado) fora transmitido a mim. Jiří e sua mulher, Zdeňka, nos visitavam em Nova York, e meus pais foram visitá-los na Pensilvânia algumas vezes. Levei muitos anos para me dar conta de que ele era um homem bem sério, e que certamente jamais tivera um caso com a minha mãe.

Klara

Não cheguei a conhecer minha avó materna, Klara Munk Taussig, que morreu de embolia pulmonar depois de operar a vesícula, quando minha mãe estava grávida de mim. Já tentei e não consegui imaginar como deve ter sido ao mesmo tempo esperar o primeiro filho e prantear a morte da mãe.

As fotos de Klara no arquivo familiar — algumas delas sozinha, umas poucas com o marido, Oskar, e a maioria com as filhas, Hanna (minha mãe) e Jiřina, três anos mais velha que ela — são todas pouco informativas e desinteressantes. Numa em que ela aparece com as duas meninas, e que deve ter sido tirada por volta de 1920, Klara como sempre se esquiva da câmera, uma atitude que é acentuada pelo modo como as meninas se oferecem à lente. Hanna, que estaria com dez ou onze anos, olha diretamente para a máquina fotográfica e chega mesmo a flertar com ela. Seus lábios formam um crescente largo voltado para cima, e seus olhos se reduzem a fendas alegres; é a própria imagem da criança relaxada e satisfeita. Jiřina reage de forma diferente à atenção da câmera, mas é igualmente cúmplice dela. Olha para o lado, mas de modo a acentuar sua consciência de que está sendo vista. Ela é linda. Sabe que é linda e gosta disso, mas nem tanto assim; há nela uma tristeza que fala mais alto do que a vaidade, e que viria a ser sua assinatura para o resto da vida. Quando a conheci como minha tia, eu tinha consciência do quanto ela era boa, simpática, reservada e melancólica. Sentada entre as meninas, a abraçá-las, Klara simplesmente ignora a câmera. Olha para Hanna de um jeito direto, espontâneo. Traja um vestido discreto e bem cortado no estilo da época. Parece uma figura genérica de mãe num manual de puericultura.

Sob um aspecto, porém, Klara nada tinha de genérico. Evidentemente, havia nela algo de vanguardista. A maneira como ela mobiliou sua casa burguesa em Praga era bem radical. A um observador de agora, o que mais chamaria a atenção talvez fosse o aspecto oitocentista dos cômodos, e não os aspectos sobre os quais eles se desviavam da norma vitoriana. Mas Klara se encantara com a ideia de "moderno", e a levara às últimas consequências. Minha mãe falava com orgulho do quanto Klara estava "à frente" de suas amigas (com as quais ela se reunia todas as semanas numa confeitaria da moda, para tomar café com chantili e comer *Sachertorte*),* do gosto avançado dela, dos artefatos interessantes que ela vivia trazendo para casa e que as amigas só "viam" quando ela as ensinava a vê-los. É uma pena que não haja nenhuma foto do apartamento que deixou lembranças tão nítidas e positivas em minha mãe. As únicas relíquias que vieram de lá foram as toalhas de mesa, guardanapos e caminhos de mesa de linho branco que fizeram parte do enxoval de minha mãe, coisas que

---

* Torta austríaca que leva chocolate, farinha de rosca e geleia de damasco, entre outros ingredientes.

não evocavam o progresso social implícito na Neue Sachlichkeit,* e sim o trabalho pavoroso das bordadeiras e rendeiras que Adolf Loos condenou em seu manifesto modernista "Ornamento e crime". A maior parte das fotos de Klara, Oskar e suas filhas foi tirada em estúdio. Não há nenhuma imagem do apartamento aprazível e notável da família Taussig.

Herdei de Klara — ou ao menos tenho em comum com ela — o interesse por decoração. Quando criança, eu brincava com casas de bonecas que eram engradados de laranjas mobiliados com cadeiras, mesas e camas feitas com pedaços de madeira ou metal ou pano encontrados na minha casa. Sinto uma ligação estreita com a avó que jamais conheci em torno do interesse comum por essa forma tão pouco essencial e tão efêmera. Meu belo apartamento terá o mesmo destino que o dela. Existem fotos dele, mas são tão pouco informativas quanto as fotos de Klara.

O leitor terá observado que na fotografia em que a mãe aparece com as filhas as meninas estão usando as roupas que eram chamadas de "traje nacional tcheco" — camisas de corte masculino, corpetes escuros e saias compridas abundantemente enfeitadas. Hanna usa também uma touca bordada branca por cima das tranças longas, e Jiřina ostenta uma espécie de turbante escuro que ressalta a sua beleza clássica. Eu e Marie usamos trajes assim em Nova York durante a Segunda Guerra Mundial, quando havia reuniões de tchecos em Yorkville em comemorações promovidas pelo governo tcheco no exílio. A Tchecoslováquia fora criada depois da Primeira Guerra Mundial, arrancada do Império Austro--Húngaro; os Taussig, uma família judaica não religiosa, participava do movimento nacionalista tcheco, identificando-se mais como tcheca do que como judia, e orgulhava-se muito da "democracia-modelo" do governo Masaryk.

---

* Nova Objetividade, movimento artístico alemão da década de 1920, em reação ao expressionismo.

Vocês se lembram do nobre líder da resistência tcheca interpretado por Paul Henreid em *Casablanca*? O fato de esse personagem exemplar ser tcheco — e não polonês, húngaro, nem de qualquer outro país ocupado pelos nazistas — é sintomático da admiração que os Aliados tinham pela Tchecoslováquia em 1942. Hoje em dia, nenhum espectador sensato suporta aquele sujeito pretensioso, nem entende por que Ingrid Bergman acaba ficando com ele e não com Humphrey Bogart. Eu e minha irmã não suportávamos a maioria dos tchecos no círculo de emigrantes frequentado por meus pais, o que só depõe a nosso favor.

Entre eles havia poucos judeus; a maioria dessas pessoas, especialmente os homens, manifestavam as qualidades que nos pareciam típica e detestavelmente tchecas, em particular seu senso de humor. O que talvez fosse engraçado em Praga era constrangedor em Nova York — pelo menos para nós que éramos crianças. Eu não saberia dar nenhum exemplo, mas ainda posso sentir nosso gélido desprezo pelas tentativas esforçadas daqueles idiotas de fazer graça. Porém, vale destacar, não tínhamos essa atitude crítica em relação a nossos pais. O lado tcheco deles não nos incomodava. O nosso senso de humor — o da nossa família — era da maior qualidade. Todas as famílias felizes se parecem na medida em que seus filhos, de modo tocante, têm a ilusão da sua superioridade. Anos depois, comecei a compreender o humor perigoso dos tchecos, o modo espirituoso e encantador como ele se manifestava nas pessoas sutis e a grosseria pura e simples em que ele se transformava nos mais boçais. A grosseria de alguns dos amigos dos meus pais talvez fosse inata — eles seriam do mesmo jeito se fossem de Cleveland e não de Praga. Porém, tendo a associá-la a uma atmosfera tcheca específica.

Quanto à inescrutável Klara, tenho a impressão — embora quase sem nenhuma base sólida — de que ela era extraordinariamente bondosa, e um pouco deficiente em matéria de senso de humor. Na velhice, minha mãe me disse uma coisa a respeito de Klara que foi como um caleidoscópio que passa de uma imagem muito bonita para outra não tão bela. Ela me disse que Klara, que não tinha renda própria, jamais recebia de Oskar dinheiro suficiente para manter a casa tal como ela gostaria que fosse, e que isso era uma eterna fonte de conflito entre os dois. Na mesma hora pensei na Nora de *Casa de bonecas*, bajulando o marido da maneira mais abjeta para conseguir dinheiro. Sei ainda menos sobre Oskar do que sei sobre Klara. Era advogado; minha mãe o adorava, e passou a trabalhar na firma de advocacia dele assim que se formou em direito. Nas fotos, vejo que pareço um pouco com ele. Isso é tudo o que tenho a dizer sobre Oskar. Se eu soubesse que algum dia ia escrever a respeito dele, teria feito algumas perguntas a minha mãe. Mas agora estou na situação de uma repórter com um caderninho em branco. Oskar está fora do meu alcance. Klara, um pouco menos, por mero acaso, graças à saudade que minha mãe tinha da casa onde morou quando menina.

Jiřina e Hanka

Esta fotografia de Klara com as filhas deve ter sido tirada sete ou oito anos antes daquela em que as meninas usam trajes nacionais. É uma foto de estúdio, com a iluminação suave e as poses formais que caracterizam esse gênero. As três estão usando vestidos brancos. A pequena Hanka, que teria no máximo dois ou três anos, mais uma vez encanta o espectador. Ela obedeceu à ordem do fotógrafo de ficar quietinha, mas está fazendo alguma coisa engraçada com a mão esquerda. A mão está fincada na coxa da mãe, um gesto que reconheço na mesma hora e que me dá a impressão de ter visto minha mãe, já adulta, fazendo-o, como se estivesse inconscientemente esmagando ou apertando alguma coisa. O gesto é designado pela palavra tcheca *patlat*. *Upatlaný*, em culinária, significa um prato em cujo preparo houve algum excesso. A cozinheira fez com a comida o que minha mãe está fazendo com a coxa da mãe dela. Jiřina já tem o ar distante da foto posterior, embora ainda não tenha se tornado bela. Klara é o centro imóvel da fotografia.

Minha mãe idealizava a irmã. Falava não apenas de sua beleza, mas também de sua inteligência. Dizia que Jiřina é que era de fato bem-dotada intelectualmente, ao contrário dela própria, Hanka, que não tinha inteligência, não entendia de nenhum assunto a fundo nem sabia fazer nada da maneira correta; ela era uma espécie de fraude. Não sei se já estou preparada para escrever sobre minha mãe, por isso vou falar sobre as figuras periféricas da família Eisner/Edwards, como uma espécie de exercício de aquecimento. Será possível escrever sobre os nossos pais sem cometer alguma falsidade? Será que a tranca no quarto de casal os protege em caráter permanente da nossa curiosidade, mantendo-nos para sempre no corredor da dúvida?

Mas espere um minuto. Essa metáfora (que pode até estar errada de modo geral) é particularmente errônea em relação a meus pais, que não dormiam no mesmo quarto. Como era comum nas famílias de classe alta e classe média alta em Praga, meus pais tinham cada um o seu quarto. Em Nova York, como o espaço era mais exíguo, foram obrigados a criar quartos separados a partir de cômodos destinados a outros fins: minha mãe dormia num sofá-cama grande na sala; meu pai usava um outro menor, instalado em seu escritório. Quando eu e Marie começamos a nos informar sobre sexo, concluímos que eles faziam no sofá-cama grande.

O marido de Jiřina, Paul, era advogado e homem de negócios. Ele tivera sucesso em Praga, e também teve nos Estados Unidos. Logo depois que fomos morar em Manhattan, os Edwards se mudaram do Brooklyn para Forest Hills [no Queens], instalando-se numa casa de tijolo à vista com jardim. Nós os visitávamos com frequência nos fins de semana. E neste momento me ocorre, pela primeira vez — como jamais me ocorreu na infância —, que eles nunca nos visitavam. Nós éramos os parentes pobres. O que poderíamos lhes oferecer no nosso apartamento pequeno num prédio do extremo leste da Seventy-Second Street, uma rua cheia de cortiços? Depois fiquei sabendo que aquelas visitas a Forest Hills eram uma fonte de conflito entre nossos pais. Meu pai não gostava daquele esquema de parente rico e parente pobre. Não gostava de Paul. Não é difícil compreender por quê. Paul era um homem vibrante, vigoroso, que gostava de ser o centro das atenções — era um excelente contador de histórias — e de pegar as crianças, levantá-las bem alto e fazer-lhes cócegas. Minha mãe era apaixonada pela irmã, e por extensão pelo marido dela. Creio que meu pai tinha ciúme do afeto ligeiramente erotizado que minha mãe sentia por Paul. Mas as visitas também não eram agradáveis para a minha mãe. A casa dos Edwards estava sempre muito cheia — colegas de trabalho de meu tio —, e Jiřina, no seu papel de anfitriã dedicada, não ficava disponível para sua irmã. Vejo-a carregando bandejas da casa para o jardim, e quase consigo ouvir seu riso nervoso.

Numa dessas idas a Forest Hills num fim de semana, meu tio Paul ensinou-me a lavar as mãos. Ele me pegou em flagrante fazendo o que as crianças fazem: deixando um pouco de água escorrer sobre as mãos e depois sujando uma toalha com elas. Ele me ensinou a ensaboar bem as duas mãos, enxaguá-las e só então enxugá-las. Outra lembrança visceral do meu tio está associada à mesa de jantar: lembro-me dele mastigando a comida lentamente, movimentando o queixo de modo que parecia exprimir certeza e autoconfiança. E mais uma coisa: numa das refeições havia uma pequena tigela na mesa; vi meu tio pegar uma colher e esvaziar seu conteúdo. Toda a tigela! Seria um prato feito só para ele? Ou estaria o tio Paul desrespeitando da maneira mais escancarada a regra segundo a qual a gente nunca deve pegar a última porção de um prato?

Nós achávamos nossa família muitíssimo superior à dos Edwards. Eles viviam no mundo do dinheiro e dos negócios, enquanto nós imaginávamos habitar a esfera da literatura e da arte. Na verdade, éramos uma família de classe média comum, que não chegava a ser intelectual. Meus pais eram assinantes do Clube do Livro do Mês. Papai escrevia cartas para o *New York Times*, e uma delas talvez tenha sido publicada. Depois que ele morreu, encontramos no meio de seus papéis dezenas de cópias dessa carta, corrigindo um erro que ele encontrara na coluna de Hal Borland, que escrevia sobre a natureza, e uma carta simpática do próprio Borland reconhecendo seu erro. Em Praga, essas pretensões artísticas tinham mais substância. Lá meus pais faziam parte de um círculo de artistas e intelectuais ao qual pertencia Karel Čapek. Meu pai publicava artigos espirituosos em periódicos sofisticados. Seu humor era excelente — mas era humor tcheco. Ele escrevia muito bem em inglês, mas jamais poderia se tornar um escritor de verdade nesse idioma. Alimentava ambições absurdas com relação às filhas. Ficávamos envergonhadíssimas quando ele falava sobre os "best-sellers" que tinha esperança de que nós viéssemos a publicar.

Estou escrevendo numa casa de campo em que há no sótão a inevitável caixa cheia de cartas da família que jamais são lidas, entra ano, sai ano. Ontem espanei a poeira e as moscas mortas que cobriam a caixa, abri-a e comecei a ler. A autobiografia é um gênero com nome impróprio; a memória só é responsável por uma parte do que acaba sendo escrito nas obras assim classificadas. Tal como a biografia, ela utiliza cartas e depoimentos de contemporâneos para realizar um empreendimento ficcional. Revirando a caixa, não demorei para encontrar uma pepita de ouro: uma carta que confirmava e amplificava o retrato do tio Paul que estou tentando traçar agora, setenta anos depois. A carta, datada de 26 de junho de 1949, foi escrita por mim aos quinze anos para meus pais, e ela relata uma viagem de carro que fiz com meu tio, minha tia e minha prima Eva para uma cidadezinha no Maine chamada Vassalboro, onde eles haviam alugado uma casa para passar o verão. "Partimos cedo, com a Eva dirigindo. [...] Passei a maior parte da viagem escandalizando os Edwards, contando todas as piadas cabeludas que eu conhecia", escrevi numa letra caprichada de menina, em papel de carta azul-claro com borda azul-escura.

> Então a tia Georgine [nome americano de Jiřina: Jiři = George] começou a contar uma piada. O tio Paul ficou muito agitado e disse que ela ia ter que saltar do carro para contá-la. Depois de muita discussão, a piada foi contada, e passamos meia hora tentando entendê-la. Finalmente a gente conseguiu, e não tinha a menor graça.

A ameaça de Paul se encaixa muito bem na lembrança que tenho de seu caráter voluntarioso. A humilhação da pobre Georgine, a maneira como Eva e eu nos aliamos ao homem forte contra a mulher fraca ("não tinha a menor graça"), chamam a atenção. Mas o que é que isso prova? Não sei se meu tio era um marido dominador. Não sei o que o excesso de piadas da família Edwards implica a respeito das relações profundas entre seus membros. O ouro é ouropel. O brilho da memória pode ser igualmente enganador. O passado é um país que não emite vistos. Só podemos entrar nele clandestinamente.

Slečna

Slečna Vaňková era uma mulher obesa de cabelo liso e curto, pele grossa e morena, que parecia estar sempre suada. Usava vestidos compridos, estampados, vermelho-escuros, que pareciam ser todos iguais, e sapatões pretos. Era a professora da escola tcheca de Yorkville que eu e Marie frequentávamos depois das aulas regulares. "Slečna" não era o primeiro nome dela, e sim "senhorita" em tcheco. Não sei, nem jamais soube, qual o seu nome de batismo. Ela era simplesmente a Slečna para a turma, que se reunia duas vezes por semana, à tarde, num prédio na East Seventy-Third Street chamado Národní Budova — ou seja, Edifício Nacional. Os trabalhadores tchecos de segunda geração de Yorkville matriculavam seus filhos nessa escola para que eles aprendessem a ler e escrever em sua língua nativa.

De fato, aprendemos até certo ponto a ler e escrever em tcheco, mas a maior parte do tempo o que fazíamos era aprontar.

Os meninos da turma atormentavam Slečna com suas diabruras. Ela vivia gritando com eles, mas não conseguia controlá-los. As meninas perturbavam as aulas de outras maneiras. Ficávamos cochichando e trocando bilhetinhos. Um dia, duas gêmeas chamadas Janice e Rose Hastava trouxeram uma romã partida ao meio e distribuíram as sementes entre algumas eleitas. Eu não estava entre elas.

Não que não gostássemos de Slečna. Sabíamos que ela era uma pessoa boa. Mas éramos jovens demais para sermos bons com uma pessoa tão fraca e (o auge da nossa crueldade) tão feiosa. Hoje eu me pergunto onde e como ela vivia, o que fazia quando não estava dando aulas, quantos anos teria. Naquela época, ela era apenas a Slečna.

Ensinar a ler e escrever não era sua tarefa principal. A fim de levantar fundos para a escola (que não cobrava as aulas), Slečna tinha que escrever e produzir uma peça ou musical a cada semestre em que houvesse um papel para cada criança da turma, com cerca de 25 alunos. O espetáculo era encenado no último andar do prédio, onde havia um palco tradicional com fundos de cenário antiquados, representando florestas, jardins e interiores rústicos. Uma das montagens mais memoráveis de Slečna foi uma versão tcheca de *Oklahoma!*, que fez com que até hoje eu fique mentalmente ouvindo as letras em tcheco para as melodias de Richard Rodgers. Assim, em vez de aprendermos a ler e escrever, passávamos uma grande parte de cada semestre ensaiando sem parar, sem o menor jeito, primeiro na sala de aula e depois no palco do último andar. Uma mulher magra e assustada chamada Slečna Kopřivová tocava piano para acompanhar os números musicais. No bar ao fundo da sala de espetáculos havia sempre uns homens bebendo. A sala cheirava a cerveja e também a mofo, um odor que talvez seja inerente aos prédios nova-iorquinos construídos no século XIX.

Lugares de ócio e tempo desperdiçado, como a escola tcheca, são lugares propícios para a formação do hábito, que muitas de nós adquirimos na infância, de estar sempre apaixonadas por alguém. Eros estava no ar na sala de aula caótica de Slečna. Eu tinha uma paixonite por um menino chamado Zdeněk Mateyka, e foi assim que pela primeira vez senti uma pontada de ciúme sexual. O objeto dessa emoção negativa era uma menina chamada Anna Popelarova. Os garotos estavam sempre se exibindo para ela. Anna tinha todos os atributos míticos da desejabilidade: era linda, cheia de vida e *cool*. Eu invejava tudo o que era dela, em particular seu *blue jeans*, desbotado e macio, ao contrário do meu, que era sempre escuro e rígido — naquela época não se podia comprar jeans já desbotado; era preciso usá-lo muito para que ele adquirisse a maciez e a cor azul-clara. Anči, como era chamada, provavelmente herdou o jeans de um irmão ou irmã, mas na época seu desejável desbotamento parecia mais um de seus atributos mágicos. Eu fazia parte do pano de fundo de meninas comuns, que amávamos em segredo e, sem termos consciência do fato, nos sentíamos mais seguras por nosso amor não ser correspondido. O prazer e o terror do amor correspondido viriam depois.

Cerca de vinte anos atrás, recebi inesperadamente pelo correio um pacote contendo dez ou doze fotos em preto e branco. O endereço de remetente era a Biblioteca do Congresso, e a pessoa que o enviara era um empregado da biblioteca que por algum motivo havia feito uma ligação entre mim e a família que aparecia nas fotos, e achou que eu gostaria de tê-las. Pois acertou em cheio. A família em questão era a minha. As fotos não eram instantâneos, e sim cópias brilhosas, de vinte por 25,5 centímetros, de aparência profissional, até um pouco artificiais: o tipo de foto que saía na revista *Life* e constituía uma espécie de história em imagens de um cotidiano inofensivo. Nelas estávamos em casa, em torno da mesa de jantar; no Central Park (eu e Marie andando de patins em volta do lago e tomando picolé na Bethesda Fountain);* em sala de aula na escola pública e na escola tcheca (daí a minha foto com Slečna, diante do quadro-negro). Foram tiradas em 1942 por uma fotógrafa chamada Marjory Collins, que trabalhava para o Office of War Information (OWI) [Escritório de Informações de Guerra], em Washington. O patrão dela era Roy Stryker, que, como diretor da unidade de fotografia da Farm Security Administration (FSA) [Administração de Segurança Agrícola], reuniu — a partir do trabalho de Dorothea Lange, Walker Evans, Russell Lee e Carl Mydans, entre outros fotógrafos — as famosas imagens de pobreza rural que se tornaram o rosto inconfundível da Grande Depressão. Depois que o país entrou na Segunda Guerra Mundial, a unidade comandada por Stryker foi transferida da FSA para o OWI, e recebeu uma nova missão. A ideia agora era representar os Estados Unidos como um lugar em que gente comum e decente lutava contra a ameaça alemã e japonesa. Entre as novas imagens indeléveis que foram criadas, havia fotos de moças em linhas de montagem fabricando peças para aviões e casais de aposentados cuidando de hortas domésticas que parecem saídos de cartuns de Roz Chast. As fotos da nossa família tiradas por Marjory Collins faziam parte de uma subseção especial desse projeto maior de propaganda ideológica. Segundo uma biografia curta de Collins assinada por Beverly W. Brannan, curadora de fotografia da Biblioteca do Congresso, fotos de "'americanos hifenizados', entre eles os irlandês-, ítalo-, judeu-, sino-, tcheco-, teuto- e turco--americanos [...] eram usadas para ilustrar publicações jogadas em território inimigo com o fim de tranquilizar os povos dos países controlados pelo Eixo, convencendo-os de que os Estados Unidos compreendiam suas necessidades". Adoro imaginar que fotos minhas e de Marie tomando picolé na Bethesda Fountain

---

* Chafariz no Central Park.

foram jogadas atrás das linhas inimigas. Adoro a expressão "atrás das linhas inimigas". Não me lembro de posar para Marjory Collins. Ela deve ter passado alguns dias conosco. Na foto da nossa família jantando aparece um lugar desocupado à mesa, que deve ter sido onde ela se sentou depois de tirar as fotos. As imagens refletem uma pessoa encantadora e simpática que fez todos nós parecermos encantadores e simpáticos, ainda que não muito interessantes. Desconfio que a imagem surpreendente da figura grotesca de Slečna, que lembra o trabalho de Diane Arbus, era a fotografia que ela preferia não ter tirado.

Papai

Às vezes, quando alguma coisa o contrariava, meu pai exibia uma expressão desagradável no rosto. Mas desaparecia um instante depois, e não tinha nada a ver com ele. Papai era o mais delicado dos homens. Jamais nos castigava (era minha mãe que ocasionalmente nos dava surras), e nunca soubemos de nenhuma indelicadeza que ele tenha cometido com alguém. Mas a expressão desagradável — como se ele estivesse recuando de alguma cena horrorosa — de fato surgia, e o que a tornava mais surpreendente era a sua incongruência com a delicadeza característica de meu pai.

Os pais têm uma mitologia própria. O mito de meu pai era o de que aos dez anos de idade ele havia saído de casa, numa pequena aldeia tcheca chamada Poděbrady,[1] e fora cursar o *gymnasium* em Praga, dando aulas particulares para alunos menos inteligentes a fim de se sustentar. Foi só depois que ele morreu, quando minha mãe já estava bem idosa, que me ocorreu questioná-la a respeito dessa história notável. Como pôde um menino de dez anos viver sozinho numa cidade grande? Onde ele morava? Ele estava de fato sozinho? Bem, não era exatamente assim. Ele fora morar com parentes. As aulas particulares contribuíam para seu sustento, mas não constituíam sua única fonte de renda. A história continuou obscura — jamais descobri quem eram os tais parentes —, mas deixou de ser improvável.

Uma outra parte da mitologia do meu pai tem a ver com o seu passado mulherengo antes de se casar com minha mãe. Ele se casou tarde, aos 32 anos, como era comum na época — assim como Freud, por exemplo, que se casou após um longo noivado com Martha, só depois de juntar dinheiro para comprar mobília, prataria e porcelana para o apartamento do casal em Viena. Mesmo nas minhas lembranças mais antigas, meu pai era um médico de meia-idade, calvo, um pouco flácido, em quem o passado de conquistador não havia deixado nenhum vestígio visível. Mas a lenda de seu dom-juanismo persistia, fazendo com que eu e Marie nos entregássemos a especulações (não de todo sérias) a respeito dos envolvimentos românticos dele com as amigas da família. Às vezes ele afirmava que se relacionava melhor com as mulheres do que com os homens — mas dizia isso não para contar vantagem, e sim para lamentar suas relações difíceis com os homens. Ele fora criado sem a presença do pai, e julgava que era essa a origem da sua incapacidade de formar amizades sólidas com homens. Os pais dele haviam se divorciado pouco depois de seu nascimento. São raros, quase inexistentes, os detalhes a respeito de seu pai, Moritz Wiener. Meu pai e a irmã mais velha dele, Maria, foram criados pela avó materna, Jennie Růžičková, que tinha treze filhos e dirigia uma oficina de costura em Poděbrady.

Os Růžička eram judeus praticantes, mas Růžička não é um nome judaico. Meu pai nos contava que um ancestral da família o havia comprado de um funcionário do Estado. Os judeus eram obrigados a comprar sobrenomes não judaicos; havia um estoque de nomes à venda, e os preços variavam em função de sua desejabilidade. Pelo menos era o que se dizia. Talvez seja mais um mito. De fato, sabemos que no século XVIII surgiram leis que obrigavam os judeus do Leste Europeu a adotar nomes não judaicos, mas não há registros de vendas de nomes a preços diferenciados. Seja lá como for, a lenda do nome comprado persiste, e ainda exerce sobre mim um fascínio inocente. Gosto de imaginar que o ancestral que supostamente comprou o nome Růžička — que significa "rosinha" em tcheco — não fez questão de economizar na hora de realizar uma aquisição tão importante.

Na minha imaginação, a vida de meu pai na aldeia parecia saída de uma obra tardia de Tolstói: uma cultura camponesa de escassez, dureza e desconforto; trenós perseguidos por lobos na neve, pouca comida, roupas ásperas e mal cortadas, nada fácil, nada bonito. Em parte, essa minha visão de meu pai como uma espécie de servo alforriado certamente provém da minha mãe. Ela não chegava a ser uma esnobe, mas atribuíamos o sentimento de superioridade dela não à pessoa de nosso pai — cujas virtudes de inteligência e caráter ela reconhecia — mas à origem humilde dele, ao fato de que só tivera contato com o luxo e a elegância dos Taussig quando já era adulto.

Às vezes eu percebia em meu pai um prazer especial, quase um êxtase, quando ele entrava numa casa aquecida num dia frio, ou quando comia uma coisa de que gostava, e associava essas reações a seus dias de pobreza extrema. Parecia-me que era uma espécie de lembrança automática da sensação de alívio diante do desconforto e da escassez. Tendo a pensar que neste caso eu estava de fato percebendo algo real, e não simplesmente imaginando coisas.

Outra das qualidades míticas do meu pai era a sua destreza nos diagnósticos. Embora ele fosse tanto psiquiatra quanto neurologista, suas proezas de diagnósticos quase inacreditavelmente exatos eram no campo da neurologia. Eu tenho um bico de pena enorme e magnífico do escultor modernista Bernard Reder, representando a Via Sacra, que ele deu ao meu pai em agradecimento por tê-lo curado de um problema na sua mão direita que o impedia de trabalhar. Ele já havia consultado vários médicos. Meu pai fez o diagnóstico correto na mesma hora e resolveu o problema com um remédio caseiro simples. Quando um periódico da área de medicina publicou seu artigo, "Coreia progressiva crônica confundida com distúrbio funcional", ficamos convencidos de que ele era uma autoridade destacada numa área muito especializada. Já o trabalho dele na psiquiatria nos entusiasmava menos. A teoria freudiana estava no auge nos Estados Unidos. Os psiquiatras seriam psicanalistas frustrados; falavam a mesma língua especializada. Tratavam casos mais graves, depressivos e psicóticos, mas achavam que a cura pela fala, que fora desenvolvida para cuidar de neuróticos, poderia ajudá-los. O mistério da loucura paira sobre o mundo como um grito na noite. Os filhos de psiquiatras encaram os loucos com o mesmo desrespeito grosseiro das outras pessoas mentalmente sãs. Fazíamos piadas bobas sobre os "maluquinhos" tratados pelo papai, nos referíamos aos hospícios como "bobolândias" e "academias do riso". Meu pai recebia com bom humor nossas falas cruéis e estúpidas. Ele sempre encarava o lúdico com simpatia. Há uma expressão particularmente maravilhosa na mistura de tcheco com inglês inventada pelos imigrantes: "*lotofának*", ou seja, a expressão "*a lot of fun*" ["muito divertido"] na forma diminutiva para a qual os substantivos tchecos inevitavelmente gravitam. Papai não tomava partido. Ele foi talvez a pessoa menos pretensiosa que já conheci; jamais se arrogava ares de superioridade; não tinha medo de cair no ridículo.

Ele adorava ópera, pássaros, cogumelos, flores silvestres, poesia, beisebol. Sou inundada por coisas que quero dizer a respeito de meu pai. Ele deixou mais vestígios da sua existência do que a maioria das pessoas, porque estava o tempo todo fazendo anotações, em pequenas fichas, em papel fino (seus poemas), em diários, até mesmo nas paredes de uma cabana à margem de um lago onde ele e minha mãe passavam fins de semana e férias de verão. Minha cabeça está cheia de belas lembranças dele, que não formam enredos. As lembranças com enredos, é claro, são as que cometem o pecado original da autobiografia, e dão ao gênero sua vitalidade, até mesmo sua razão de ser. São as lembranças de conflitos, ressentimentos, desculpas e autojustificações — e é errado, injusto, indesculpável, publicá-las. "Quem lhe pediu para poluir a minha imagem com suas mágoas mesquinhas?", a pessoa falecida poderia perguntar, com razão. Como meu pai não se preocupava com sua imagem, ele provavelmente não se incomodaria se me ouvisse recitar meus ressentimentos de criança magoada. Mas não tenho vontade de fazer isso. Ele foi um pai maravilhoso. Sei que ele amava muito a mim e a minha irmã. Porém amava ainda mais sua própria vida, e deu a impressão de detestar a ideia de abandoná-la, mais ainda do que a maioria dos homens e das mulheres.

Cada um de nós é uma espécie ameaçada. Quando morremos, nossa espécie desaparece conosco. Nunca mais haverá alguém como nós. As vidas dos grandes artistas e pensadores e estadistas são como as vidas das grandes espécies extintas, os tiranossauros e estegossauros, enquanto as vidas das pessoas obscuras podem ser comparadas a espécies extintas de besouros. Papai provavelmente não se interessaria muito por essa comparação. Ele seguia por um caminho só dele. Gostava de escolher e identificar florezinhas silvestres pequenas, frágeis, brancas, às quais eu jamais daria atenção, e que ele nunca me obrigou a observar.

Na escola

A sala em que tínhamos aula de datilografia na PS 96, o colégio ginasial para meninas onde estudei, na esquina da Eighty-Second Street com a York Avenue, era como uma fábrica do século XIX. Sobre cada uma das mesas enfileiradas, com banquinhos à frente, havia uma máquina de escrever Underwood, todas idênticas. Um cheiro enjoativo de tinta impregnava a sala. Enquanto praticávamos, uma mulher grandalhona e morena chamada sra. Schroeder — nossa capataz, por assim dizer — caminhava entre nós; sem pressa (o curso durava dois anos), ela nos transformou em datilógrafas exímias, rapidíssimas. Na PS 96 aprendi também a cozinhar e a costurar. A ideia original da escola, situada num bairro então proletário, era preparar as meninas para a vida real que enfrentariam quando concluíssem o segundo grau. Elas se empregariam como secretárias ou então se casariam. Na época em que estudei lá, a maioria das alunas pretendia em seguida cursar o colegial, mas o currículo continuava praticamente o mesmo. A aula de culinária era depois da de corte e costura: fazíamos aventais e chapéus com um tecido de algodão branco com orla vermelha, e em seguida os utilizávamos para cozinhar batatas com salsa.

Joseph Mitchell me perguntou uma vez se eu me considerava uma pessoa de sorte. Sem titubear, respondi que sim. Lembrei-me de que havia escapado do Holocausto e que era uma das poucas pessoas no mundo que não viviam na miséria. Mas, em relação a alguns detalhes da minha vida, talvez eu desse uma resposta diferente. Não tive tanta sorte quanto à formação que recebi. Na PS 82, minha escola primária, o ensino era todo na base da decoreba; as professoras, todas mulheres, eram bem-intencionadas, mas nada inspiradoras. Passávamos o tempo fazendo mapas-múndi coloridos, os quais mostravam, por exemplo, que o estanho era o principal produto exportado pela Bolívia. Ao que parece, eu coloria tão bem que acabei "pulando" um semestre. Com isso, perdi a passagem crucial do ensino da aritmética totalmente baseado na decoreba para o início (um momento empolgante, pelo que me disseram) da matemática de verdade. Por isso jamais entendi nada dessa matéria. Não cheguei a dar o salto. Jamais consegui me livrar do hábito de contar nos dedos. Nunca aprendi latim nem grego; só fui ler Shakespeare na faculdade. Na High School of Music and Art, o colegial público "especial" em que consegui entrar para estudar arte, aprendi quase tão pouco quanto no primário e no ginasial. Passar da PS 96 para a Music and Art foi uma experiência e tanto; era abandonar a esfera da repetição e da chatice para adentrar a do deslumbramento e do prazer. Nós tínhamos sido admitidas a um mundo de delícias, como o da história do *Quebra-Nozes*. A ideia era fazer o aluno desenvolver seu talento especial, dando-lhe ao mesmo tempo uma formação acadêmica tradicional. O mais importante, porém, ao que parecia, era nos manter felizes. A ideia de que éramos pessoas especiais nos era transmitida sem nenhuma dificuldade. O departamento de música provavelmente era mais rigoroso, mas as aulas de arte eram perfunctórias (não havia curso de desenho) — o expressionismo abstrato estava no auge, e nós fazíamos imitações pobres de pinturas expressionistas abstratas nas aulas de estúdio. O ensino acadêmico também era devagar, quase parando. Lembro que quem nos falou da Lei Taft-Hartley* foi um professor esquerdista veemente, embora na época nós não o víssemos como esquerdista; ele era como todo mundo era, tal como a água da bica era água. Ainda havia comunistas de verdade à solta no país no final da década de 1940, e na minha turma havia uma menina que se dizia comunista. Uma vez, conversando com ela no banheiro, perguntei o que queria dizer ser comunista; que história era aquela? E ela respondeu que tinha a ver com o materialismo dialético. "Ah!", exclamei, fingindo saber do que se tratava. Os jovens sabem muito bem que não devem admitir sua própria ignorância. A certeza que eles fingem ter é uma defesa contra sua deprimente ignorância a respeito do mundo adulto. Foi na faculdade (a Universidade de Michigan) que praticamente pela primeira vez tive professores excelentes, às vezes até brilhantes.

A foto que abre esta seção foi tirada do alto do Empire State Building. O grupo é uma das minhas turmas na PS 82. Estou na primeira fileira, a terceira a partir da esquerda. A senhora idosa de chapéu na fileira de trás é a nossa professora, a srta. Smith. É possível que o homem seja o diretor da escola. A foto não evoca em mim nenhuma lembrança desse passeio. O que me chama a atenção é o quanto algumas das meninas são diferentes das garotas de hoje, como se elas estivessem vivendo no século XIX e sendo fotografadas pela sra. Cameron.**

---

* Lei aprovada em 1947, que restringia o poder dos sindicatos, em reação a uma onda de greves em 1945 e 1946.
** Julia Margaret Cameron (1815-79), uma das mais importantes retratistas de seu tempo.

Camp Happyacres

Esta foto em preto e branco, bem apagada, de cinco por 7,5 centímetros, em que apareço com minha irmã e três pessoas que não reconheço, em frente a um automóvel, é típica das fotos que encontramos em caixas de papéis velhos. Não tem nenhum mérito artístico nem evoca lembrança alguma. De vez em quando, porém, tal como a própria memória, uma dessas fotos desinteressantes ganha vida de súbito. Ao olhar atentamente para a imagem, reconheço uma das pessoas — a mulher que está encostada na porta aberta do carro e olhando pela janela —, e então me vejo transportada de volta a Camp Happyacres, uma colônia de férias para meninas em New Hampshire onde nossos pais nos deixavam na década de 1940, e ao lago com o nome nabokoviano de Pleasant Lake [Lago Aprazível] em que nadávamos todos os dias. O lago ficava a cinco quilômetros e meio da colônia de férias, e quase sempre íamos e voltávamos a pé, porque estávamos em guerra e não havia gasolina. Em dias excepcionais — é aí que entra em cena a mulher à janela do carro —, ela levava um pequeno grupo de meninas até o lago e nos trazia de volta, no seu automóvel cinzento. Ela era a mãe de uma das meninas, chamada Marty. Já não lembro — se é que algum dia eu soube — por que motivo a mãe de Marty conseguia gasolina, nem o que ela estava fazendo na Happyacres. Por trás disso talvez houvesse alguma tragédia — ou não. Não me lembro de quase nada a respeito desses verões. A maior parte das coisas que acontecem conosco cai no esquecimento. Os eventos das nossas vidas são como negativos de fotos. Os poucos que acabam virando cópias impressas são o que chamamos de nossas lembranças.

A colônia Happyacres era dirigida por um pastor congregacionalista chamado Stewart Campbell e sua mulher, Marion. Esse casal bondoso havia se registrado junto a alguma agência cristã que estava patrocinando bolsas em colônias de férias para filhos de refugiados de guerra. Os Edwards, cristianizados, tinham encontrado aquela colônia para suas filhas, e convenceram meus pais a nos levar para lá. Ficava num vilarejo chamado Wilmot, e consistia numa casa de madeira branca construída no século XIX, um prédio alto de madeira pintada, com um único cômodo, conhecido como Lodge, um gramado com jardim e diversas barracas e cabanas perto de um pequeno bosque.

Nós chamávamos os Campbell de "tio Stewart" e "tia Marion". Ele era um velho alto e magro, distante, caracterizado por uma convicção severa e fria; sua mulher era uma velha baixa e gorda com um jeito afetuoso que não convencia. Lembro-me do cheiro dela quando me abraçava. Era chegada a abraços e a dizer "abençoada seja". Cheirava a cê-cê e às comidas que preparava para as pessoas da colônia. Há velhos que caem nas graças das crianças, mas são excepcionais. De modo geral, as crianças gostam de adultos que são jovens, e essa regra vigorava na colônia Happyacres. Eram só as conselheiras jovens e bonitas que nos interessavam e empolgavam. Os Campbell eram apenas um pano de fundo neutro contra o qual os slides coloridos da infância são projetados. A mais popular e talvez mais jovem das conselheiras era Sunny, uma moça bonita, loura e deliciosamente indiscreta. Ela nos falava sobre seus namorados. Era uma pessoa acessível e simpática. Tenho uma lembrança dela no tombadilho de um barco no lago Winnipesaukee dançando com um homem. Não é uma lembrança visual; não vejo Sunny e o homem. Em vez disso, ouço uma frase — "A Sunny está dançando 'Stardust' com um homem!" — sendo cochichada com entusiasmo pelas meninas que estavam a bordo do barco no qual dávamos uma volta no lago. Tenho uma vaga lembrança de que alguém — provavelmente um dos Campbell — fez Sunny parar de dançar. Na época, eu não fazia ideia do que era "Stardust". Quando vim a ouvir esta canção anos depois, fiquei decepcionada. Nela não havia nada do mistério que o nome me transmitiu no tombadilho daquele barco.

A colônia de férias era desenxabida. Quando eu e Marie fomos para lá, seus dias de glória já estavam no passado. Formávamos uma ideia do que tinha sido essa época quando víamos, no Lodge, fotos de meninas praticando esportes e atividades que não existiam mais na Happyacres. A atividade cuja ausência eu lamentava mais era a eurritmia. As fotos de meninas trajando túnicas gregas, os braços levantados em poses estilizadas absurdas, me pareciam empolgantes e maravilhosas. Agora, só fazíamos cordões e sachês, e caminhávamos até o lago. Mas tínhamos também o Santuário.

Todos os dias, no meio da manhã, o tio Stewart nos levava por uma trilha no bosque até uma clareira onde havia uma espécie de santuário. Ali participávamos de uma cerimônia que era basicamente cristã, mas que tinha também elementos ameríndios. Essa apropriação de tradições indígenas — verdadeiras ou inventadas — que ocorria nas colônias de férias é um tema que merecia ser estudado. Quando os indígenas torravam marshmallows em torno das fogueiras quinhentos anos atrás, eles certamente não imaginavam que dariam uma contribuição à semiótica da colônia de férias americana do século xx. Lembro-me de gostar de ouvir os salmos bíblicos que o tio Stewart lia em voz alta na clareira; eu gostava do Santuário. As crianças são criaturas místicas; elas percebem o que há de estranho em tudo. À medida que vamos nos acomodando à vida terrena, essa sensação morre aos poucos. Lembro-me de uma espécie de visão do outro mundo que tive nas montanhas Catskill aos seis anos de idade; e às vezes eu tinha sonhos marcantes, apavorantes (mais quando estava doente), em que formas arredondadas se destruíam mutuamente, de modo lento e cruel. Eu não falava com ninguém sobre a visão nem sobre os sonhos. As crianças sempre sentem vergonhas e ansiedades secretas. Na Happyacres, dávamos graças em todas as refeições: "Agradecemos, Senhor, por todas as coisas belas e boas e verdadeiras; pelas coisas que não parecem boas mas que acabam sendo boas; e pela doce compulsão da Vossa vontade. Amém". Sempre gaguejávamos na palavra *compulsion* [compulsão]. Por não fazermos ideia do significado, dizíamos *complexion* [tez], como se isso fizesse mais sentido. O lema da colônia de férias tinha inspiração ameríndia: "Buscar a beleza em toda parte, e deixar a trilha mais bela porque passamos nela". Várias coisas interessantes aconteceram comigo no decorrer da vida, mas não há nada de que eu me lembre com mais precisão do que essa ação de graças e esse lema. Sim, a estranheza de tudo.

Lembro-me do cheiro de flox no jardim da tia Marion. Anos depois, quando passei a ter um jardim, durante algum tempo plantei flox, por conta de seu perfume evocativo, mas a planta era suscetível ao bolor e não era bonita, e acabei desistindo dela. Foi uma madeleine que acabou não valendo a pena.

Francine e Jarmila

Embora a foto seja em preto e branco, sei quais são as cores das roupas que eu e Marie estamos usando. É domingo de Páscoa. Estamos com nossas roupas novas de primavera — comprávamos roupas todos os anos nessa época — para usar no desfile de Páscoa na Fifth Avenue. Eu havia escolhido um conjunto azul-marinho, uma bolsa de camurça verde e um chapéu verde; lembro-me de me sentir orgulhosa pela escolha, que me pareceu muitíssimo original, de verde com azul-escuro. Marie traja um conjunto rosa. Não me lembro de que cor eram o chapéu e a bolsa dela. Lembro que minha mãe não gostou da escolha do rosa. Marie era um pouco gorducha, e mamãe achava que o rosa não era uma boa cor para ela usar. Mas Marie queria porque queria o conjunto rosa, e não houve como fazê-la mudar de ideia. Olhando para a foto agora, tenho a impressão de que a escolha dela foi correta. Ela está linda, a mais bonita e a mais bem vestida das quatro meninas. As outras duas são Francine Reese e Jarmila Neuman, também conhecida como Jerry Neuman. Marie parece ter cerca de dez anos, e as outras meninas são dois ou três anos mais velhas.

Francine morava em frente ao nosso prédio na East Seventy-Second Street, num cortiço, e era minha melhor amiga. Era uma garota alta e assertiva. Era atrevida e insolente. Minha mãe não gostava dela. Achava que não era uma pessoa adequada para ser minha amiga. E era por esse exato motivo que eu gostava dela: era a menina "má" que eu não tinha permissão para ser. Jerry morava em Schenectady. Provavelmente viera passar o feriado da Semana Santa conosco. Em outros anos, eu e Marie passamos a Semana Santa em Schenectady com os Neuman. Não sei muito bem por que nos visitávamos, nem qual era a nossa ligação com aquela família. Eram, como nós, refugiados tchecos; meus pais os conheciam de Praga. Não me lembro de quase nada a respeito das nossas idas a Schenectady; só sei que não eram maravilhosas nem horríveis. Eram apenas uma coisa que fazíamos entre todas as coisas que as crianças fazem sem que tenham curiosidade de saber o motivo. Havia uma filha mais velha, Vera, que já morava sozinha e escrevia para um jornal. Lembro-me de uma história a respeito do pai, Kamil, que trabalhava como médico em Praga e que, tal como meu pai, teve que se submeter a um exame para poder clinicar nos Estados Unidos. Só que, ao contrário do meu pai, ele não conseguia ser aprovado. Era reprovado vez após vez. Contava-se que ele ficou tão desesperado que começou a pedir dinheiro no metrô. Não sei se essa história é verdadeira. Mas, de tão estranha, ficou na minha memória. Kamil deve ter finalmente passado no exame, porque quando visitávamos sua família em Schenectady ele já trabalhava como médico. Lembro-me dele como um homenzinho pequeno e roliço, e de sua mulher, Anka, como uma pessoa afável e cordial. Os dois são como personagens secundários no primeiro rascunho de um romance que acabam não entrando na versão final. A Páscoa não significava nada para nós, enquanto Páscoa. Era apenas uma oportunidade de comprar roupas novas. Foi só muitos anos depois que fui a uma missa de Páscoa numa igreja católica e me dei conta da importância da data.

Quatro senhoras idosas

VILMA LÖWENBACH

Ela e o marido, Jan, também eram refugiados de Praga. Ele era um acadêmico de distinção, não sei de que área; mais velho do que Vilma, cabelo branco, curvado, introvertido. Vilma era uma mulher vigorosa, extraordinariamente empática, com um rosto bondoso e animado. Nos seus primeiros anos em Nova York, os Löwenbach moravam num prédio caindo aos pedaços, sem elevador, nas West Forties. Fui levada numa visita a eles uma vez, e o apartamento — com sua mobília estilo Biedermeier, paredes cobertas de livros, pinturas antigas com molduras douradas e tapetes persas desbotados — causou em mim uma impressão indelével, uma espécie de miragem de cultura literária europeia. Anos depois, tendo Vilma herdado uma fortuna de um parente, fui visitá-los no apartamento que haviam comprado, num belo prédio novo na Fifty-Fourth Street, em frente ao Museum of Modern Art, e fiquei decepcionada. Não era mais uma miragem. Era apenas um apartamento muito bem mobiliado, que continha algumas belas peças antigas.

Lembro-me de Vilma usando saias compridas de lã e blusas de crepe de seda, com golas simples, redondas. As cores eram em tons pastel: bege, cinza, marrom. Naquela época, as mulheres se vestiam de modo diferente do que hoje. Não apenas as mulheres idosas, mas também as que não estavam mais no auge da juventude, vestiam-se diferente das jovens. Nas décadas de 1950 e 60, eu ficava folheando revistas bonitas, de formato grande, como *Vogue* e *Harper's Bazaar*, vendo as fotos de Richard Avedon e Irving Penn, e admirava as roupas usadas pelas modelos, mas não as desejava. Eu não tinha idade suficiente para usar aquelas roupas. Eram para as madames Merles e sras. Paleys da vida, mulheres mais velhas, belas, ricas, talvez até imorais, se necessário. Então, na década de 1970, a *Vogue* e a *Harper's Bazaar* ficaram menores, e as roupas que apareciam em suas páginas não eram mais feitas para a misteriosa mulher de uma certa idade; eram para as jovens de cara lavada, e assim permanecem até hoje. As roupas das senhoras de idade da minha juventude também desapareceram. Hoje, as mulheres da minha geração — idosas — tentam encontrar nas lojas e nos catálogos roupas que não as deixem ridículas. É o melhor que podemos fazer.

Vilma tinha duas filhas, Eva e Mima. Eva e o marido haviam escapulido de Hitler e ido para a Argentina; Mima e o marido foram para o Canadá. Eva e minha mãe tinham sido amigas em Praga e trocado cartas durante a guerra, comparando a vida doméstica em seus respectivos países de exílio; suas cartas, sabe-se lá como, chegavam a suas destinatárias. Eva teve uma morte trágica, de melanoma, no final dos anos 1950. Lembro-me de fotos de Mima, que era enfermeira, apertando os olhos por trás de óculos de lentes redondas. Não encontrei fotos de Eva, que, segundo se dizia, era uma mulher bonita.

Lembro-me de minha mãe me contar que insistia com Vilma para que ela andasse de táxi em vez de ônibus depois que herdou sua fortuna. Eu viria a fazer o mesmo com a minha mãe, igualmente frugal. Ela não herdou fortuna nenhuma, mas podia muito bem viver com mais conforto com as economias que meu pai lhe havia deixado. O hábito da frugalidade é difícil de largar. Não que minha mãe se preocupasse com dinheiro. Sou grata a ela pelo exemplo que ela deu durante toda a minha infância, de nunca parecer estar preocupada com dinheiro. Meus pais trabalhavam, e dinheiro nunca sobrou, mas sempre houve o suficiente. E dinheiro não era importante, minha mãe gostava de dizer. Havia coisas mais elevadas. Em parte, isso era só uma pose, é claro. Mas não era das piores atitudes para convencer uma criança da superioridade de seus pais.

Vilma era conhecida por suas contribuições a causas públicas, mas não sei exatamente o que ela "fazia". Só sei que poucos anos antes de morrer ela deu a minha mãe uma pintura encantadora do século XIX, um retrato de uma menina, e um armário pequeno e elegante, estilo Biedermeier; depois, minha mãe deu o quadro à Marie e o armário a mim. Coloquei-o ao lado de uma serpentina de calefação, e no inverno eu ponho sobre ele uma tigela com água, para tentar conter o efeito do aquecimento, que está embaçando o lustro dessa peça de duzentos anos de idade.

JULIA BACKER

Outra refugiada de Praga, viúva com filhos crescidos. Eu a conhecia como Julinka. Ela morava num daqueles grandiosos prédios antigos ao final da West Seventy-Second Street, na curva que vai dar no Riverside Drive. Lembro-me de uma sala que parecia um palácio. Duas harpas faziam pendant uma à outra em lados opostos do espaço imenso, e janelas enormes davam para o rio Hudson. Julinka tocava harpa; tinha sido musicista profissional. Ela era pequena, seus movimentos lembravam um pássaro, e era uma dessas pessoas que parecem gostar de tudo. Uma vez me convidou para ouvir Birgit Nilsson numa montagem de *Tristão e Isolda*, na Metropolitan Opera House. Entrou num êxtase ao falar sobre a voz prateada de Nilsson, que já não era jovem. A beleza do canto de Nilsson e a grandeza da ópera não me tocaram. Eu não entendia de Wagner. Julinka pareceu não se incomodar com a minha reação, embora eu tentasse manifestar gratidão para não ser indelicada. Minha mãe a adorava, e eu acreditava que a adorava também, embora sem nenhum motivo — como se fosse necessário haver um motivo para adorar um pássaro canoro.

GRETA HONIG

Era uma mulher alta, angulosa, que parecia estar sempre esbaforida. Corria de um lado a outro da cidade em missões filantrópicas. Meu pai debochava daquela benevolência cansativa. Talvez percebesse algo de falso nela — de modo geral, ele não manifestava antipatia por ninguém. Mas eu gostava dela em segredo, por conta da sua elegância. Para mim, ela se distinguia das outras amigas da minha mãe por usar roupas modernistas geométricas e morar num apartamento artisticamente minimalista, num pequeno prédio na Lexington Avenue. Creio que havia uma claraboia.

Também era refugiada de Praga e também era viúva. Tinha três filhas que viviam na Califórnia. Um dia foi embora de Nova York para ir morar perto de uma delas. Quando fui à Califórnia com minha filha, na época com oito anos, em férias escolares, passamos uma noite na casa de Greta. Minha mãe havia combinado com ela. Concordei com alguma relutância, por compartilhar as reservas de meu pai. Chegamos num carro alugado no final da tarde. Lembro-me de uma casa baixa cercada de um gramado extenso. Estava quente, portas e janelas estavam abertas, e ouvia-se o som de um piano vindo do interior. Entramos numa sala que era uma reprise do apartamento estilo Bauhaus da Lexington Avenue. Não era o que se esperava encontrar numa *ranch house** californiana. Greta levantou-se do banco do piano e nos serviu chá em xícaras de porcelana fina, com pãezinhos, manteiga sem sal e bolinhos com glacê amanteigado. Mais tarde nos serviu um jantar delicioso, e dormimos em camas com lençóis de linho já gastos. Sentimo-nos muito paparicadas. Greta recebeu a filha e a neta de sua amiga com uma hospitalidade tão excessiva quanto suas atividades filantrópicas no passado, mas, depois dessa experiência, mudei a visão que tinha dela. Meu pai talvez fizesse o mesmo se comesse aqueles pãezinhos e dormisse sob aqueles lençóis.

MALVA SCHABLIN

A gaivota de Tchékhov começa com o seguinte diálogo:

MEDVEDENKO: Por que você sempre se veste de preto?
MACHA: Estou em luto pela minha vida. Sou infeliz.

Tchékhov está fazendo humor. Está zombando do jeito pretensioso de Macha.

Malva sempre andava de preto, e nem era necessário perguntar por quê. Estava de luto pelo marido, os dois filhos, os cônjuges dos filhos e a neta, todos assassinados em Auschwitz. Ela havia sobrevivido. Depois da guerra, veio para Nova York — não

---

* Casa de um andar, que se prolonga no terreno com eventuais acréscimos, típica do Sudoeste dos Estados Unidos.

sei como nem por quê —, instalando-se no West Side, morando com uma pessoa da sua família. Minha mãe era muito ligada a ela e a procurava com frequência; estive com ela algumas vezes. Ela nunca sorria. Era delicada, bondosa e indiferente. Não posso dizer mais nada.

Cinema

Eu passava as tardes de sábado num cinema chamado Monroe, na First Avenue, entre a Seventy-Fifth Street e a Seventy-Sixth Street; o programa consistia em dois longa-metragens, 21 desenhos animados, um cinejornal e trailers. As crianças podiam entrar sem estarem acompanhadas por adultos. Havia uma mulher de vestido branco, conhecida como a matrona, que ficava andando de um lado para o outro, mantendo a disciplina. Os filmes eram em preto e branco (não me lembro se os desenhos animados eram ou não a cores — eu os detestava), e os cinejornais eram marcados por um tom muito escuro de negro e vozes clamorosas e pretensiosas. Estávamos em guerra. A guerra era um pressuposto da existência, e cenas de navios explodindo e soldados em meio a tiroteios não causavam nenhuma impressão especial. O que me apavorou de verdade foi *King Kong*. Depois que vi o filme, passei semanas sem conseguir dormir ouvindo bongôs e vendo imagens de nativos enfurecidos. As cenas do monstro na sua ilha coberta de floresta, e não a imagem dele escalando o Empire State Building com a minúscula Fay Wray na mão livre, eram as que me apavoravam. Já outros filmes foram educativos para mim. Num deles a heroína engravidava. Isso havia acontecido, claramente, porque ela se sentara no colo do herói. Nada mais (além de um ou dois beijos padrão Hollywood) havia ocorrido entre eles, então não poderia ser outra coisa.

Tal como boa parte da humanidade, desde cedo contraí o vírus do romantismo. Até onde minha memória pode recuar, sempre estive apaixonada em segredo por algum menino, mas foi só no colegial que comecei a ter encontros românticos reais, e não apenas imaginários. Meninos me chamavam para sair. Não eram necessariamente aqueles por quem eu estava apaixonada. Entendi o poder e a tristeza de ser amada sem amar. Lembro-me de uma vez em que, na calçada do outro lado da rua em frente ao prédio do colegial, um menino a quem eu nunca tinha dado nenhuma atenção em particular leu para mim um papel onde havia escrito um discurso sobre o amor que ele sentia por mim. Foi ridículo e triste, e minha reação — dizer "Vamos ser amigos" — me pareceu inapropriada e cruel.

No verão entre o colegial e a faculdade, tive um caso com um colega da Music and Art chamado Arne Lewis. Eu tinha dezessete anos e ele, dezoito; estávamos seriamente apaixonados. Uma das coisas que eu mais gostava nele era a sua identidade — totalmente inventada — de espanhol. Era um menino judeu do Queens, mas havia estado no México e aprendido algumas palavras em espanhol, e tinha também lido Hemingway. Isso lhe possibilitou criar uma persona para seu próprio uso que o tornava irresistível para qualquer garota — a menos que ela tivesse um senso de ridículo acentuado, o que não era o meu caso na época. As demonstrações de orgulho e machismo tipicamente espanhol com que ele se apresentava eram para mim deliciosas. Mais ainda, jamais questionei o que era talvez a parte mais absurda de sua fantasia. Tratava-se da ideia de que, na condição de macho espanhol de quatro costados, ele precisava de muito sexo, só que — espere aí! — não de mim. Eu era uma menina de família. As meninas de família não faziam sexo naquela época. Quem atendia às necessidades sexuais de Arne eram as putas. Comigo ele observava o decoro da época, limitando as atividades físicas a beijos e uma ou outra carícia nos seios. Foi só anos depois que compreendi a verdade. Arne era sexualmente tão confuso e inexperiente quanto a maioria dos outros meninos da Music and Art. A pílula e a revolução sexual ainda estavam por vir. Todos nós estávamos na mesma situação, meninos e meninas. (Aliás, onde ele encontraria as tais putas?) Bem, nem todos, é claro. Anos depois conheci o escritor Leonard Michaels, que estava alguns anos à minha frente no tempo da Music and Art, e fiquei sabendo que ele e uma menina chamada Sue Granville subiam até o telhado do prédio da escola e trepavam. Tenho uma lembrança de Leonard e Sue lado a lado, em pé, no fundo de uma sala de reuniões. Os dois eram altos e excepcionalmente belos, e pareciam adultos atraentes. Era evidente que eles viviam a uma certa distância da garotada imatura a sua volta, e essa impressão permaneceu comigo ao longo dos anos.

Tanto eu quanto Arne trabalhávamos no verão. Já não lembro, ou então não me interessei em saber, qual era o trabalho dele.

O meu era numa firma de contabilidade no início da Fifth Avenue, onde eu punha em prática o que havia aprendido nas aulas de datilografia. Na verdade, até onde sabíamos, não havia empregos de verão. O que a gente fazia era mentir: dizíamos que havíamos concluído o colegial e estávamos procurando um emprego permanente, e depois pedíamos demissão quando as férias de verão terminavam. Numa enorme máquina de escrever profissional, eu datilografava fileiras infindáveis de números. Minhas colegas de trabalho eram mulheres mais velhas, gordas. Elas me tratavam bem e gostavam de mim, e fiquei constrangida quando pedi demissão. Não cheguei a confessar que tinha intenção de fazer faculdade, mas acho que elas sabiam.

Eu e Arne nos encontrávamos à noite e íamos ao cinema, ou então, com um grupo de amigos, ficávamos zanzando por Greenwich Village e depois comíamos numa pizzaria. Por incrível que pareça, naquele tempo era raro encontrar uma pizzaria em Manhattan. Era emocionante comer pizza, regada a Coca-Cola. Nos fins de semana, Arne vinha a minha casa na parte da tarde e ficávamos deitados na minha cama, trocando beijos. Ele era alto, ossudo, andava com passos largos, e eu o achava muitíssimo atraente. Quando saí de Nova York para fazer a faculdade, nos correspondíamos e nos encontrávamos nas férias. Numa dessas férias terminamos o namoro.

Arne estava estudando arte na Cooper Union. No verão, me deu uma pintura a óleo feita por ele, no estilo expressionista abstrato, que ficou anos pendurada numa parede do apartamento dos meus pais. Era uma composição densa de pequenos quadrados rosa, vermelhos e amarelos. Um piadista da família disse que parecia gelatina de porco. Achei que aquilo era um comentário totalmente idiota sobre uma obra brilhante. Nós nos referíamos ao quadro como "o Arne Lewis", tal como as pessoas falam sobre "o Manet" ou "o Vuillard". Quando minha mãe morreu e eu e minha irmã fomos esvaziar o apartamento, propus que a gente o deixasse na rua, juntamente com "o Pelc", uma aquarela que mostrava uma negra com vestido longo cor-de-rosa sentada à sombra de uma palmeira, obra de um artista tcheco chamado Antonín Pelc, de 1939, no tempo que ele passou na África, onde fez escala como emigrante a caminho da América. Minha filha, que estava conosco na ocasião, não se opôs ao destino do Pelc, mas não admitiu que fizéssemos o mesmo com o Arne Lewis. O apartamento dos avós que ela tanto amava fora para ela um segundo lar na infância, e de algum modo aquele quadro fazia parte do éthos da casa. Assim, a pintura hoje mora num canto do meu porão, aproveitando em silêncio a comutação de sua pena, e aguardando (talvez com um pouco de nervosismo) o veredicto da posteridade.

Skromnost

Este instantâneo é a única lembrança que tenho de uma menina por quem me apaixonei no final da adolescência. É a loura sorridente perto do centro da foto. Quando digo que me apaixonei por ela, falo com base no que vim a saber depois. Na época — final da década de 1940 —, uma garota apaixonada por outra garota não via o que estava bem na sua cara. As meninas — nós — achávamos que só era possível se apaixonar por um menino. O lesbianismo era uma coisa da qual a gente apenas ouvia falar. Havia um livro, *O poço da solidão*, um texto proibido, um tanto chato, com base no qual formamos a ideia de que as lésbicas eram mulheres que usavam culotes, cujos pais tinham desejado um filho homem.

Pat Patrick, a loura em questão, era pequena e compacta, como Jean Arthur. Irradiava uma espécie de autocontrole e franqueza que contrastava de modo gritante com a insegurança das colegas. As moças da foto estavam fazendo parte de um programa de verão de seis semanas para universitárias americanas e estrangeiras, criado por uma organização chamada Lisle Fellowship, que tinha o objetivo de tornar o mundo um lugar melhor promovendo debates insípidos à noite e trabalho voluntário de dia. Como poderia não dar certo? Só que, naturalmente, nós estávamos mais interessadas era nas colegas, formando pares românticos que duravam uma semana, mais ou menos, e depois não davam em nada. Minha paixonite (não assumida) por Pat durou todo o período de seis semanas. Eu adorava o seu jeito de andar, como se estivesse indo para uma reunião do Conselho de Latifundiários. Adorava as exclamações dela: "Cruzes, Cristo!", "Ah, meu Deus, ó céus, meus sais!". A palavra "desinibida", que estava na moda na época, sempre me vinha à mente quando pensava nela, encarando com admiração e também inveja o modo como ela violava as convenções maçantes que eu tinha que respeitar. Ela era simpática comigo. Eu era a mais jovem do grupo; ainda nem havia entrado para a faculdade. Minha mãe ficara sabendo do programa através de uma de suas amigas, envolvida em projetos de filantropia, e pelo visto ninguém na Lisle achou nada de irregular no pedido de inscrição que ela enviou para mim. Lembro-me de Pat me dando conselhos a respeito do rapaz, Jack, que eu estava namorando na época. Ela não gostava de Jack, e comecei a entender as razões dela. Troquei-o por um menino mais simpático, sul-americano, chamado Gilberto. Pat namorava um francês cujo nome não lembro, que parecia ser mais velho e talvez até merecedor dela.

Depois daquele verão, estive com Pat mais uma vez. Na minha lembrança, vejo-a parada na calçada da Fifth Avenue, com o Plaza Hotel do outro lado da rua. Vai haver uma reunião em Greenwich Village de algumas das meninas da Lisle. É um final de tarde de fim de verão. Pat está usando um vestido elegante de tafetá azul-escuro, com saia franzida, cintura marcada e escarpins de camurça. O cabelo está preso num coque frouxo. Eu nunca a tinha visto vestida daquele jeito. No verão ela andava de short e blusa de algodão, e usava rabo de cavalo. Era uma menina igual às outras. Agora ela parece uma socialite, filha de uma família rica e privilegiada. Ela não está à vontade. Diz que tem que ir a um evento com uma tia, com a qual está hospedada no Plaza, e não vai poder ir à reunião em Greenwich Village.

O que me parece interessante agora quando relembro meu último contato com Pat é o fato de que não me surpreendi com a sua transformação. Claro que ela estaria usando aquele vestido e aqueles escarpins e teria uma tia hospedada no Plaza. A sensação de choque foi causada pelo reconhecimento. Sabemos tanta coisa que não sabemos que sabemos sobre os outros. Sempre identificamos a classe social dos outros. Em algum nível, eu sempre soube que Pat era rica, membro da elite. Também estava muito claro para mim qual a minha situação em relação a dinheiro e classe.

Eu pertencia a uma típica família de profissionais liberais de classe média em meados do século XX, nem rica nem pobre, sem qualquer pretensão social. Em Praga, meus pais tinham um pouco mais de dinheiro e estavam associados a uma comunidade intelectual progressista. Alguns de seus companheiros de exílio voltaram para a Tchecoslováquia no final da guerra e tentaram reassumir suas vidas de antes. Já meus pais sabiam quase desde o começo que ficariam nos Estados Unidos. Este país é tão sutilmente sedutor! Não há como escapar de sua astúcia. Meu pai mal havia desembarcado do navio e se tornou torcedor dos Dodgers.

Vivíamos dentro do nosso orçamento, sustentados pelos salários de meus pais, com uma modéstia espontânea. A palavra tcheca *skromnost* quer dizer "modéstia", mas também tem uma conotação discreta de humildade, de conhecer o próprio lugar na sociedade. Meu pai trabalhava como médico, e depois como psiquiatra, na Veterans Administration,* e minha mãe trabalhava como locutora na Voice of America. Nunca pedimos dinheiro emprestado. A ideia de "ter dinheiro", no sentido em que os ricos têm dinheiro, era estranha para nós. Havia na minha turma do ginasial uma menina chamada Astrid que morava na Park Avenue, motivo pelo qual as colegas a achavam esquisita. Todo o resto da turma morava ao leste da Third Avenue, no bairro então proletário de Yorkville.

Ao mesmo tempo, eu sabia que pertencíamos a uma classe acima daquelas pessoas que viviam em cortiços — nós morávamos num prédio de seis andares construído logo antes da guerra —, só que a consciência desse fato me veio aos poucos. Nos primeiros anos da infância, em Yorkville, eu tinha uma visão diferente do que nos separava das outras famílias do bairro: pensava que éramos inferiores. Sentia inveja das meninas que usavam roupas coloridas aos domingos e vestidos brancos de primeira comunhão. Sentia vergonha quando minha mãe vinha às reuniões de pais na escola com a roupa que usava para ir ao trabalho em Praga, que me parecia deselegante e pobre em comparação com os vestidos estampados de cores vivas das outras mães. Durante esse período de incompreensão social, uma vez troquei com uma menina que morava do outro lado da rua um lindo livro ilustrado de contos de fadas por um gibi. Quando mostrei a meus pais a revistinha, toda orgulhosa, eles me obrigaram a tomar a atitude humilhante de ir procurar a menina e pegar de volta o livro. Eles não percebiam o paralelismo que havia entre a troca que eu realizara e a que eles haviam feito ao abrir mão da cultura do Velho Mundo e

---

* Administração dos Veteranos, órgão federal que custeia os gastos de saúde dos ex-combatentes, além de proporcionar-lhes outros benefícios, como bolsas de estudo e seguros de vida.

abraçar a vitalidade do Novo Mundo, e só agora eu mesma me dou conta disso.

Mas eu gostaria de falar mais sobre *skromnost*, como minha família a praticava e a nostalgia que ela me inspira. Hoje em dia nós reciclamos as coisas que não queremos. Durante a minha infância e adolescência, e até mesmo no início da vida adulta, não havia muita coisa que nós não quiséssemos. Vivíamos numa cultura de conservação, de satisfazer-se com aquilo que se obtém. A maneira como vivemos agora pareceria inimaginavelmente luxuosa para as pessoas de classe média daquele tempo em que não havia bilionários, no máximo milionários. As latas de sopa Campbell's não eram associadas a Andy Warhol. Nós tomávamos essa sopa. *Casserole** de macarrão e creme de champignon Campbell's eram como que os pratos típicos nacionais que servíamos às visitas. Ainda se usa a palavra *casserole*? Os ricos tomavam creme de champignon tal como nós; ouvi falar que há velhos endinheirados cujas cozinheiras ainda sabem preparar essas coisas. Hoje, quem não é pobre come pratos sofisticados com a maior naturalidade, e meninas de quatro anos de idade são levadas à pedicure. Os leitores mais jovens de hoje podem até não acreditar, mas quando eu era moça ninguém ia à pedicure. Às vezes, numa ocasião muito especial (o fim do mundo), fazíamos as unhas das mãos. O serviço era realizado no cabeleireiro, quando a gente estava com o cabelo no secador.

Lembro-me das viagens de férias *skromný* [modestas] que fazíamos com nossos pais, no intervalo entre a colônia de férias e a volta às aulas. Durante muitos anos, íamos à fazenda Andrews, em Pownal, Vermont, que recebia visitantes durante o verão e servia uma comida maravilhosa: milho na espiga, pepinos e vagens e tomates e batatas direto da horta, costeletas de porco, bifes e pica-

---

* Qualquer comida que se prepara ao forno.

dinho de frango, sendo os bichos criados lá mesmo ou em fazendas vizinhas — o que agora chamamos de comida "artesanal". Nós tínhamos consciência do quanto eram especiais aquelas delícias. A comida compensava a monotonia do lugar. A única atividade era jogar croquê; fora isso, não sei o que fazíamos o dia inteiro. Havia uma menina chamada Gwendolyn que sempre roubava no jogo: ela mexia na bola dela ou na do adversário. À noite, nós e as quatro ou cinco outras famílias hospedadas na fazenda nos reuníamos na sala de visita. Jogávamos jogos de palavras, ou então Gwendolyn tocava piano. Ela era bonitinha, uma beleza de loura açucarada. Tocava bem. Eu e Marie a detestávamos.

Havia verões em que minha mãe não podia largar o trabalho, e meu pai nos levava a New Hampshire, onde ficávamos numa cabana à margem da estrada; eram cerca de oito cabanas, cujo dono era um certo sr. Hitchcock. Também não lembro direito o que fazíamos — creio que visitávamos as atrações turísticas de New Hampshire, como Flume Gorge e o monte Washington, e nadávamos num lago ali perto —, mas me lembro do restaurante que funcionava numa casa de madeira do outro lado da estrada, perto da nossa cabana, que servia comida da Nova Inglaterra muito bem preparada, o que dava um sabor especial às nossas férias. Comíamos lá no café da manhã e no jantar, e nos sentíamos privilegiados. Aqui e ali ainda encontramos esses grupos de cabanas nas estradas da Nova Inglaterra — uma vez passei por uma chamada Hubby's Cabins, perto de Great Barrington, Massachusetts — que me fazem lembrar do sr. Hitchcock e de todas aquelas férias inocentes com meu pai, que se confundem na minha cabeça.

Mamãe

Ela era dotada de uma quantidade imensa do que antigamente se chamava "charme europeu". Eu e minha irmã, cada uma a seu modo, herdamos um pouco desse charme dela. De que se trata? Do ponto de vista do feminismo, é uma coisa terrível, que não proporciona nenhum "empoderamento", ou então só empodera da pior maneira, como uma mulher num harém que garante sua posição de primeira esposa. Ter charme é rebaixar-se. É pedir alguma coisa. Sinto admiração pelas jovens de hoje, que adotam uma expressão neutra de quem não está pedindo nada. Gosto da dureza e do autocontrole delas. É claro que, debaixo da superfície, elas são tão patéticas quanto qualquer outra pessoa. Mas a pose delas tem lá seu mérito. Minha mãe não era charmosa de uma maneira esfuziante, feminina. Era fisicamente sólida e transmitia entusiasmo e vitalidade. Mas era uma mulher de seu tempo, uma época em que as mulheres cultuavam os homens sem admitir esse fato explicitamente. Levei muito tempo para compreender as implicações do charme que ela nos legou.

Minha mãe não era uma "mãe suficientemente boa", para usar a expressão do psicanalista Donald Winnicott. Era uma boa mãe. Era carinhosa, amorosa, altruísta. Lembro-me da comida absurdamente deliciosa que ela preparava para nós quando estávamos doentes. Quando se fala em comida para doentes, as pessoas pensam em mingau e chá fraco. Minha mãe fazia para nós pombo assado e, acreditem ou não, profiteroles. Talvez ela soubesse que nossa doença não passava de um pretexto para não ir à aula; tínhamos o direito de nos considerarmos doentes quando o termômetro de mercúrio atingia o que chamávamos de *křižek* — a linha que separa a temperatura normal da que indica febre. Aquela fronteira era suficientemente boa. Quando a atravessávamos, podíamos permanecer na cama enquanto ela telefonava para a escola.

Minha mãe era muito generosa, mas me dou conta de que tenho apenas uma ideia vaga de seu caráter. Ao tentar traçar um retrato dela, esbarro no que deve ser uma forte resistência a essa tarefa. Voltemos ao charme. A pessoa charmosa quer saber mais sobre a gente, faz perguntas, manifesta interesse. Ela nos faz nos sentirmos lisonjeados e contentes. Às vezes chegamos a corar de tanto prazer de receber tanta atenção. Já vi pessoas ficarem vermelhas enquanto conversam comigo. Terei me tornado jornalista por saber imitar minha mãe? Quando faço uma pergunta a alguém — na vida privada ou na profissional —, muitas vezes não presto atenção na resposta. No fundo, não estou interessada.[2] Creio que minha mãe também não se interessava pelo que as pessoas lhe diziam. Ela fazia as suas perguntas, mas a cabeça estava em outro lugar. O que realmente a interessava? Ela lia muito. Sempre foi um artigo de fé que ela, e não meu pai, é que sabia o que era a grande literatura, que ela sempre sabia reconhecer a coisa autêntica, que tinha uma espécie de ouvido absoluto, enquanto o gosto de meu pai era mais comum, embora ele é que fosse o literato, o que escrevia.

A exuberância, a vivacidade, a simpatia de minha mãe eram uma espécie de fachada para ocultar uma falta de vida interior. Ela se autodepreciava. Dizia que não sabia fazer nada direito. Isso é *šmejd*, bobagem comentava quando falávamos sobre alguma coisa que ela havia feito.

Anos depois me dei conta de que ela sempre tinha algum problema de saúde. Todos nós temos algum problema — é só você ir a uma farmácia para verificar esse fato —, mas minha mãe, ao que parece, sofria mais do que a maioria das pessoas de problemas físicos comuns: dor muscular, indigestão, prisão de ventre, dor de cabeça. Em algum momento da minha infância falou-se em depressão e em consultas a um certo dr. Levine, colega de meu pai. Tenho uma carta de meu pai escrita quando eu estava na faculdade, insistindo para que eu escrevesse para minha mãe com mais frequência, e dizendo que ela estava deprimida e se sentia magoada com a minha falta de consideração com ela. Tenho também uma carta que ela escreveu para mim logo depois de me ver embarcar no trem que me levou à faculdade, dizendo o quanto me amava e admirava.

15 de setembro de 51
Querida Janet,
Comecei a escrever uma carta para você logo quando cheguei da estação — uma carta chorosa, de um sentimentalismo nauseante. Agora caí em mim e me dei conta de que é muito bom para você estar na atmosfera nova de uma grande universidade. Claro que sinto sua falta, e de alguma maneira eu fico achando que não disse todas as coisas que queria ter-lhe dito. Não conselhos — tenho a

maior confiança em você — meu inglês ruim me limita muito — mas, falando sério, nem mesmo em tcheco eu tenho palavras — para lhe dizer o quanto eu a amo e me orgulho de você. Certamente você já percebeu que minha relação com você não é exatamente a de mãe com filha, mas muitas vezes é justamente o contrário. Vejo em você todas as características de meu pai e de minha mãe que eu admirava e amava tanto.

Espero que você tenha tido um bom começo e lhe desejo muita sorte. Ontem — domingo — fomos à cabana dos Traub — foi um dia perfeito — nadamos e comemos um bife delicioso. Hoje já estou no trabalho, e desta vez eu meio que estava aguardando com prazer a volta ao batente.

Por enquanto só encontrei a escova que você esqueceu e a calça de nylon. Também comprei um saco para guardar sapatos, que vou lhe mandar em breve.

Espero receber uma carta sua amanhã — mas quero que você saiba que vou ser muito paciente e não vou ficar preocupada se as suas cartas não chegarem com tanta regularidade. Queria também que você escrevesse sobre as coisas de que você não está gostando, e não só das que você está gostando — porque dessa maneira vamos continuar mais próximas, você não acha?

Drahoušku, moc Tĕ miluji a stále na tebe myslím. [Querida, eu a amo muito e penso em você o tempo todo.]

Líbam Tĕ tvá máma. [Beijo da sua mãe.]

"Espero receber uma carta sua amanhã." Ela recebeu mesmo essa carta? Será que a escrevi? E agora a carta que meu pai escreveu um ano e meio depois:

Querida, embora nós tenhamos um pelo outro na nossa família um amor tão intenso e tão profundo quanto em qualquer outra/ podemos considerar a nossa família um sucesso emocional e intelectual/, você sabe que a Joan precisa de mais manifestações explícitas de emoções genuínas e de um clima mais afetuoso do que todo o resto da família junto. Provavelmente, no nosso âmago, nós somos todos iguais ou quase iguais, mas a gente meio que esconde isso atrás de uma fachada de distanciamento e às vezes de sarcasmo ou coisa parecida. Sua mãe só fica bem no meio de uma cornucópia de carinho, e a gente deve proporcionar isso a ela o máximo possível, porque senão ela fica se culpando e jogando isso contra ela mesma/ e especialmente agora, com a idade, ela tem mais essa tendência de se culpar e se autodepreciar e cair na depressão.

Querida, a Joan é uma pessoa maravilhosa, pois essas qualidades parecem ser raras no nosso século. Tenho consciência de que eu mesmo nem sempre satisfiz essas necessidades, embora eu me esforçasse ao máximo. Tenho certeza de que algum dia vamos precisar dela mais do que ela precisa de nós, e temos que fazer tudo para mantê-la animada e feliz. Por favor, querida, e você é uma moça maravilhosa, também/, escreva para Joan algumas linhas/ não gargoylianas, sempre terminando com amor, afeto, reconhecimento, todos esses sentimentos que são tão abundantes dentro de você mas que você não manifesta/. Querida, pense nisso. Talvez eu esteja me exprimindo de uma maneira meio desajeitada, mas tenho certeza de que você vai entender. Há momentos na nossa vida em que a gente precisa de mais apoio emocional, e a Joan está justamente vivendo um momento como esse agora. Querida, a Joan não deve ficar sabendo que eu escrevi essa carta a você. Tenho certeza que você vai encontrar uma maneira de dissipar essas nuvens e dúvidas.

Não gargoylianas. *Gargoyle* era a revista de humor da faculdade em que eu trabalhava, e cujo estilo "humorístico" eu utilizava nas cartas que escrevia para a família. Meus pais guardaram essas cartas, e quando as leio agora me sinto envergonhada e mortificada. Minha mãe queria amor e reconhecimento, e eu lhe mandava piadas bobas. Como pude ser tão cruel e tão insensível? Mas talvez houvesse uma outra pressão — no sentido de ser engraçada — atuando sobre mim e me levando a escrever aquelas cartas horrivelmente jocosas. Nossa família se orgulhava das nossas brincadeiras pesadas. A "fachada de distanciamento e sarcasmo" era um estilo de que todos nós gostávamos e que cultivávamos. Meu pai era o mais sarcástico e dégagé de todos, o humorista mais brilhante da família, mas minha mãe também sabia ser engraçada, talvez mais em tcheco do que em inglês, e estava longe de ser a mulher simples, carinhosa e sequiosa de afeto que ele retrata naquela carta. Ela sempre participava dos deboches da família dirigidos aos srs. Collins e madames Verdurins que cruzavam o nosso caminho. Ela não os defendia; sua necessidade de uma "cornucópia de carinho" não ia tão longe assim. Eu havia recebido sinais contraditórios, e pelo visto resolvi o conflito ignorando as exigências que seriam mais difíceis de atender. O medo de pôr o coração a nu tem raízes profundas. Desde cedo adquirimos o hábito de nos protegermos da rejeição. Mas, meu Deus, como eu era cretina. Só me resta corar de vergonha ao ler aquelas cartas idiotas enviadas à minha mãe adorável. O que me custava dizer a ela que a amava?

Mas então encontro uma carta que depõe em meu favor e contra minha mãe:

> Ontem à noite, ela [minha irmã, na época cursando o colegial] participou de uma dança de quadrilha e chegou em casa à 1h30 da manhã. Fiquei absolutamente desesperada — acho que nunca senti tanto medo na minha vida. Eu não sabia onde ela estava nem com quem — e fiquei sentada esperando e rezando e chorando. Então ela chegou e ficou muito abalada ao ver que eu estava tão abalada. Ela simplesmente se esqueceu da hora. Até agora estou semimorta. Bom, *c'est la vie*!

La vie, com minha mãe vigiando com mão de ferro e histeria as idas e vindas das filhas, não era fácil. Lembro-me de ter que sair de festas a tempo de chegar em casa antes do toque de recolher e encontrá-la na rua, na frente do nosso prédio, com um casaco jogado por cima da camisola. Na época, Nova York era uma cidade razoavelmente segura — a fase do crime no auge veio depois —, e nós andávamos de ônibus e metrô. Não dirigíamos. Qual era o perigo? Lembro-me de uma vez em que tive que sair de uma festa no Bronx no momento em que um rapaz no qual eu estava interessada parecia dar mostras de estar começando a se interessar por mim. Desrespeitar as normas de minha mãe era impensável. Nunca mais voltei a ver o garoto.

Muitos anos depois, ganhei um prêmio de uma faculdade de jornalismo por um artigo que publiquei numa revista sobre uma terapeuta de família, e convidei meu pai para a cerimônia de entrega do prêmio. Quando meu nome foi chamado, fiquei de pé, agradeci e voltei a me sentar. Não fiz o tipo de discurso que os outros ganhadores do prêmio haviam feito. Os discursos me pareciam burros e sentimentais; eu me sentia acima deles. Não me dei conta do quanto eu própria era burra e insuportável, do quanto o meu gesto de pureza era vazio e constrangedor. Meu pai comentou, na hora e em algumas ocasiões posteriores, que eu devia ter feito um discurso como os outros. Quando ele repetiu este comentário pela enésima vez, estourei com ele. Estávamos sentados à mesa do almoço. Minha explosão foi imediatamente seguida por uma explosão da minha mãe: "COMO VOCÊ OUSA FALAR ASSIM COM O SEU PAI?!". Tive então um insight. Me dei conta da posição todo-poderosa que minha mãe detinha na família. A terapeuta de família havia falado que as mães poderosas tinham uma espécie de painel de controle. Tudo que acontecia numa família tinha que passar por elas. Pois minha mãe estava naquele momento concretizando aquela metáfora. É verdade, todas as famílias felizes se parecem na dor que seus membros causam uns nos outros, inevitavelmente, como se obedecessem às ordens de uma autoridade superior perversa.

Hugo Haas

Esta foto sempre aparece em caixas de fotografias antigas, destacando-se das outras pelo que nela há de vívido e estranho. É um cartão-postal sépia, um sucessor da *carte de visite* oitocentista, uma relíquia da cultura da celebridade do início do século XX. Hugo Haas era uma celebridade bem modesta. Ator judeu tcheco que fugiu de Praga em 1939, ele chegou a Nova York depois de passar por França, Espanha e Portugal em 1940, e tornou-se ator coadjuvante e diretor de filmes noirs B em Hollywood. O cartão-postal, dedicado ao meu pai, mostra um homem de smoking que parece usar batom e maquiagem nos olhos, lembrando uma das criaturas *unheimlich* de *Metrópolis* ou de *O gabinete do dr. Caligari*. A foto o mostra da cabeça até metade das coxas, as mãos meio enfiadas nos bolsos do paletó, o rosto um pouco balofo olhando para um ponto a média distância, com um leve sorriso fixo.

Quando criança, eu ouvia meus pais falarem de Hugo Haas como membro da comunidade de emigrantes, mas não me lembro de tê-lo conhecido pessoalmente, e nunca soube nada a seu respeito até hoje, quando fiz uma busca no Google com o nome dele. Fiquei sabendo das circunstâncias de sua emigração e sua carreira em Hollywood, e mais um ou outro fato desconexo. Um deles era que sua esposa, acompanhado da qual ele fugira do nazismo, era uma mulher chamada Maria von Bibikoff (Bibi), e essa informação despertou uma lembrança em mim. Meus pais tinham uma amiga tcheca chamada Bibinka, uma loura esguia e bonita. Seria a mulher de Hugo? Na lembrança em questão, Bibinka está sentada à mesa da nossa sala. Estamos comendo vitela com páprica. Quando terminamos e minha mãe está tirando a mesa, meu pai percebe que Bibinka deixou um pedaço de carne no seu prato, e menciona esse fato a ela. "*Já nemůžu*", ela responde: "Não consigo", querendo dizer que comeu demais. Meu pai dirige um olhar severo a ela. Se esta cena em que Bibinka mereceu uma leve reprovação de meu pai permanece comigo até hoje, é porque a memória tem um atavismo voluntarioso. Na imaginação de uma criança, quase nada é necessariamente sem importância. Um dos pilares da nossa mitologia familiar era que meu pai tinha sido criado em meio à pobreza. Ele sempre manifestava uma gratidão ativa por ter o bastante; isso fazia parte de seu caráter. E a reprovação por ele dirigida a Bibinka — um adulto reprovando outro adulto — deve ter deliciado a mim e Marie. Minha mãe, por outro lado, sem dúvida ficou mortificada com a terrível falta de educação de seu marido. Imagino que ela deve ter tentado pôr panos quentes da melhor maneira possível. Mas tenho a impressão de que Maria von Bibikoff, se era ela mesmo, nunca mais veio jantar na nossa casa.

O verbete da Wikipédia dedicado a Haas lista os títulos dos 65 filmes em que ele trabalhou e os personagens que ele representou, 29 deles na Tchecoslováquia e 36 nos Estados Unidos. Devo ter visto vários filmes de Hollywood em que ele aparece, como *O sino de Adano* (1945), em que ele faz o papel de um padre, e *As minas do rei Salomão* (1950), em que seu personagem se chama Van Brun. Nunca ouvi falar dos filmes B dirigidos por ele. Na foto da Wikipédia ele está muito diferente da criatura tétrica do cartão-postal. Passaria facilmente por um americano atarracado, com bigode eriçado e o ar imperturbável de um ascensorista do turno da noite num hotel no centro de Los Angeles. Haas morreu na Áustria em 1968, vítima da asma, aos 67 anos de idade. A mulher que talvez tenha sido Bibinka nasceu em 1917 e morreu em 2009. Informa também a Wikipédia: "Ele e seu irmão, Pavel Haas, estudaram canto no conservatório de Brno, onde foram alunos do compositor Leoš Janáček. Pavel Haas acabou se tornando um compositor de destaque, e foi morto em Auschwitz em 1944".

O que a internet me informou sobre Pavel Haas é tão básico quanto o conhecimento que tenho a respeito de seu irmão mais sortudo. Mas sei que um "fato" citado num artigo no website World War II Database — onde se diz que ele "se casou com Sonya Jakobson, viúva do linguista russo Roman Jakobson, em 1935" — não é de todo verdadeiro. De fato, Haas casou-se com Sonya Jakobson, mas ela não era viúva. Em 1935, Jakobson estava vivinho da silva, e assim permaneceu por muitos anos. Meus pais o visitavam no tempo em que ele morou em Nova York, depois que veio para os Estados Unidos e antes de se tornar professor no departamento de línguas eslavas de Harvard, onde minha irmã foi aluna dele. Tenho uma carta que ele escreveu para meu pai em novembro de 1968, que me alegra toda vez que a releio:

Caro Pepik,

Sua carta, que me foi entregue em Praga, não foi respondida imediatamente por conta de todos os acontecimentos turbulentos que se seguiram.

Causa-me espanto que Zubaty não conheça a etimologia de *mamlas*,[3] embora filólogos como Matzenauer e Berneker tenham escrito sobre essa palavra; além disso, a etimologia me parece óbvia para qualquer eslavista. É mesmo verdade que Trávniček atribuiu uma origem germânica ao termo?

A etimologia é clara: trata-se de uma palavra eslava comum de origem onomatopaica, cuja raiz certamente é *meml-/ mom-*. Há toda uma família de palavras eslavas semanticamente muito próximas que remontam a esta raiz: *mamlas, mumlati*, do tcheco; *mumlas*, do cassubiano; *memljati, momljati*, do esloveno; *mumljati*, do servo-croata; *mjamlja, mjamlit, mjumlit*, do russo. Essa família de palavras parece estar relacionada ao letão *memulis* e ao lituano *maumti*.

Seria ótimo encontrar com vocês dois, mas raramente passo por Nova York.

Abraço,

Roman

Roman Jakobson

Na época, Roman estava casado com sua segunda esposa, Svatja, de quem minha mãe não gostava. Ela também era uma mulher charmosa, com uma persona pública talvez um pouco semelhante demais à de minha mãe, que a considerava falsa e ridícula. Segundo um boato desagradável, Harvard a havia contratado como condição para que Jakobson fosse trabalhar lá. Ela dava aulas sobre folclore tcheco. Tenho algumas lembranças dela, e acho que entendo os sentimentos de minha mãe.

Tenho elaborado fantasias sobre as circunstâncias em que

Pavel Haas se casou com Sonya Jakobson. Em 1933, Jakobson foi trabalhar na Universidade Masaryk, em Brno, cidade em cujo conservatório Pavel estudava. Imagino que a esposa do linguista e o compositor se conheceram e se apaixonaram, e a coisa levou a um divórcio litigioso e ao casamento feliz dos amantes clandestinos. Minha fantasia se desfaz diante da realidade trágica do divórcio de Pavel Haas e Sonya, ocorrido em 1939, não porque eles não se amassem mais, mas como uma manobra (bem-sucedida) para salvar Sonya, que não era judia, e a filha do casal, Olga, dos nazistas. Já Pavel não conseguiu se salvar — não teve como escapar do país —, e em 1941 foi deportado para o campo de concentração de Theresienstadt, na cidade tcheca de Terezín, que já foi qualificado de "híbrido de gueto e campo de concentração". Lá não havia câmara de gás; os prisioneiros simplesmente morriam de fome e doença — os que tinham a sorte de não ser imediatamente enviados para Auschwitz, pois Terezín era uma etapa no caminho do extermínio. O verbete da Wikipédia sobre Pavel Haas contém a observação ridícula de que "chegando a Theresienstadt, ele ficou muito deprimido, e teve que ser estimulado a compor" por um outro prisioneiro que também era compositor. Theresienstadt é conhecido por ter servido de aldeia Potemkin para os nazistas, que o exibiram a visitantes da Cruz Vermelha em 1944 como uma espécie de balneário e centro cultural. Depois que os ingênuos visitantes foram embora, a farsa obscena foi desmontada, e 18 mil prisioneiros, entre eles Pavel Haas, foram deportados para Auschwitz.

Recentemente conheci uma imigrante judia tcheca chamada Zuzana Justman, que veio para os Estados Unidos em 1950 aos dezenove anos de idade para estudar em Vassar. A família dela não teve a boa sorte da minha. Ela, o irmão, a mãe e o pai não conseguiram sair de Praga, já ocupada pelos nazistas, na hora certa, e foram mandados para Terezín em 1943. O pai foi um dos 18 mil deportados para Auschwitz depois da visita da Cruz Vermelha; foi morto na câmara de gás assim que chegou. Zuzana, a mãe e o irmão permaneceram em Terezín e sobreviveram. Perguntei a Zuzana se ela conhecera Pavel Haas lá, e ela respondeu que não. Porém estivera uma vez com Hugo. No início da década de 1950, quando tinha vinte e poucos anos, ela foi à Califórnia com a mãe e almoçou com Hugo em Hollywood. Sua mãe estava entusiasmada com aquele encontro. Dizia que Hugo era uma das pessoas mais encantadoras e espirituosas que ela jamais conhecera. Seu contato com ele fora antes de se casar com o pai de Zuzana: ela havia *flámovat* — frequentado boates — com ele. Hugo era um dos atores mais famosos e respeitados de Praga. Mas Zuzana não achou o homem de meia-idade que ela conheceu em Hollywood nem um pouco encantador ou espirituoso. Ficou indignada com um caso de mau gosto que ele contou, sobre seus sucessos sexuais com *starlets* hollywoodianas. Parecia um homem triste e deprimido.

Zuzana, ela própria uma mulher encantadora e espirituosa, tornou-se cineasta já madura. Sua intenção original era ser dançarina, mas machucou o pé e mudou de planos. Ela é conhecida por dois documentários sobre Terezín: *Terezín Diary*, lançado em 1989, e *Voices of the Children*, de 1998. Recentemente ela me enviou o anúncio do prêmio por filme de baixo orçamento com melhor roteiro de 1952, conferido pelo Writers Guild of America* a Hugo, por um filme chamado *Pickup*, no qual "uma jovem (Beverly Michaels) se casa com um homem de meia-idade (Hugo Haas) e põe em prática um plano para ficar com o dinheiro dele".

---

* Sindicato que representa os roteiristas de cinema e televisão.

Mais sobre mamãe

Andei lendo — e não com prazer — cartas que minha mãe me escreveu na década de 1950. Fico constrangida de ver que o tema "Por que você não me escreve?" aparece em tantas dessas cartas. O constrangimento é tanto por ela quanto por mim. Certamente não foi fácil para mim ser o tempo todo repreendida por gozar da prerrogativa da juventude, que é ser descuidada e egoísta. Mas o que vejo agora e não percebi na época é que a necessidade que minha mãe sentia de receber cartas minhas era uma espécie de doença, semelhante à doença de estar apaixonada, e eu, estando apaixonada o tempo todo, podia muito bem tê-la encarado como uma companheira de sofrimento, e não como uma adversária de cujos golpes desferidos contra minha frágil independência era necessário me esquivar.

Minha mãe era temperamental. Era volátil, capaz de perder as estribeiras. Nós — eu e minha irmã — sabíamos disso, e não levávamos a coisa a sério; ela nunca nos tratava mal. Sem dúvida, jamais nos xingou. Apenas se permitia excessos histriônicos. Uma das cartas queixosas — "Há duas semanas que você não escreve — graças a deus assinamos o *Daily* e vimos uma matéria escrita por você. Não entendo como você não consegue encontrar dois minutos para escrever para seus pais" — termina com a explosão: "Estou irritada demais para continuar escrevendo". Numa outra carta — que por acaso não era sobre o tema "Por que você não escreve?" — ela fala de uma oferta de trabalho bem remunerado que recebeu da Radio Free Europe, mas que não aceitou, e termina desabafando: "Todo mundo me acha uma idiota — mas eu simplesmente não tenho vontade de trabalhar, e ninguém pode me obrigar".

Lembro-me de uma cena em que ela fez a mala e disse que ia embora. Não aguentava mais. Nesta cena, eu, Marie e meu pai assistimos a ela fazendo a mala. Ela parecia estar falando sério, mas não me lembro de ficar preocupada. Acho que todos nós sabíamos que aquilo era só uma farsa. É claro que ela não foi embora.

Creio que o problema era minha avó, a mãe de meu pai, que morava conosco. Tinha a ver com as linhas e os alfinetes que ela vivia deixando cair no chão. Minha avó era uma mulher bondosa e bem-intencionada que causava um enorme transtorno a minha mãe. É raro encontrar uma esposa que aceite com prazer que a sogra venha morar com ela, mas devia ser difícil conviver com essa sogra em particular justamente por ser ela uma pessoa inofensiva e bondosa — e deprimida.

Num documento intitulado "Minha confissão", Babička — era assim que chamávamos minha avó — fala sobre sua infância

terrível, na condição de décima terceira filha, indesejada, de pais que a mandaram morar com uma irmã casada, a qual a maltratava. Essa infância difícil terminou com um casamento arranjado, e não por amor, que deu em divórcio quando meu pai ainda era bebê. A "confissão" de Babička me lembra os contos de Tchékhov sobre a vida brutal dos camponeses e suas parcas recordações da infância, filho de um servo que o fazia pensar diariamente na possibilidade de levar uma surra. Em algum lugar, Tchékhov escreve que foi obrigado a expulsar o servo que havia dentro dele. Eu me pergunto como foi que meu pai conseguiu expulsar o servo que havia dentro dele — meu pai espirituoso, erudito, bondoso, abnegado e delicado. Os vestígios da sua infância de camponês — sua parcimônia consigo próprio (com os outros era generoso), uma certa ausência de polidez ao estilo Habsburgo que incomodava a minha mãe — eram insignificantes, embora eu e minha irmã talvez ficássemos do lado de minha mãe quando ela afetava ares de superioridade. Sempre soubemos que ele viera de uma aldeia e ela, de um apartamento em Praga com papel de parede art nouveau.

Não quero exagerar a insistência da minha mãe em questões de refinamento. Ela também tinha um lado telúrico expresso em seu próprio temperamento, e nunca era cruel com minha avó. Apenas perdia a paciência de vez em quando. Todos nós nos sentíamos culpados em relação a minha avó. Foi só mais tarde que fiquei sabendo que ela era clinicamente deprimida e chegou a receber eletrochoques, e que o tratamento a ajudava. Não sei onde ela se tratava. Não pode ter sido no escritório de meu pai no nosso apartamento, onde — acreditem ou não — meu pai, com o auxílio de minha mãe, aplicava eletrochoques em alguns de seus pacientes. Isso era permitido na década de 1940.

Fred e Ella Traub

Eram amigos próximos de meus pais e presenças constantes na minha infância e na de minha irmã, um casal sem filhos, judeus tchecos, médicos, que haviam passado a guerra em Londres e depois emigrado para Nova York. Alguém os apresentara a meus pais, que os ajudaram a se estabelecer na cidade — ela como clínica geral com consultório particular, ele como bacteriologista num hospital no Brooklyn — e encontraram para eles um apartamento um andar acima do nosso, no prédio da East Seventy-Second Street onde morávamos no térreo. Eram pessoas modestas, amáveis e boas, que em mim e em minha irmã despertavam um lado cruel que me faria corar de vergonha hoje se eu fosse uma pessoa melhor. Mas a crueldade de uma criança nunca é deixada para trás por completo; na minha imaginação, os Traub permanecem como modelos de gente desinteressante, o que me envergonha — e também me alegra. Naturalmente, nós nos comportávamos muito bem na presença deles; os dois jamais suspeitaram de nossos sentimentos em relação a eles. Mas reconhecer que as pessoas desinteressantes são mesmo desanimadoras talvez não seja mau para a formação de uma criança. Essa consciência tem o efeito de tornar mais preciosas as pessoas glamorosas, engraçadas, sexy e diferentes.

Esta cena acontecia quase todos os dias: nós nos sentávamos à mesa de jantar numa alcova ao lado da cozinha conhecida como *dinette*. Esses não cômodos pequeninos faziam parte de uma moda, que havia começado nos anos 1930, de sofisticar a vida doméstica dos americanos de classe média que, ao que parecia, não queriam — tal como os ricos — comer na cozinha, só que não tinham dinheiro para morar num lugar que tivesse sala de jantar. Pouco depois de começar nossa refeição, ouvíamos uma batida à porta e em seguida entravam os Traub, ou um deles. Meus pais insistiam para que eles se sentassem e comessem conosco. Não, não, acabamos de chegar em casa do trabalho. Então os dois ficavam em pé, a nosso redor, e nós jantávamos num clima tenso. Todos nós detestávamos essa situação, mas não havia nada que pudéssemos fazer. A *dinette* ficava junto à entrada do nosso apartamento, de modo que os Traub permaneciam perto da porta, o que de alguma maneira aumentava ainda mais a tensão, pois a possibilidade de que eles fossem embora a qualquer momento estava sempre presente — mas isso demorava muito a acontecer.

Já o apartamento dos Traub, ao contrário dos moradores, tinha para mim um certo glamour, como também o exótico café da manhã inglês que eles haviam adotado em Londres, e a que às vezes eu assistia. A refeição incluía queijos, fatias de presunto, pães e pãezinhos, manteiga sem sal e geleia de casca de laranja. Na sala, mobiliada de modo muito parecido com a nossa, num estilo vagamente modernista europeu, havia um prato com tampa, de peltre, sempre cheio de coisas secas e salgadas para a gente beliscar. Nunca houve nada semelhante na nossa sala. A sala dos Traub parecia mais elegante que a nossa, e aquele prato coberto só aumentava seu charme.

Acaba de me ocorrer uma lembrança desagradável a respeito de Ella, creio que uma coisa que eu preferia esquecer. Ela era clínica geral, mas já havia trabalhado como ginecologista, e fazia exames ginecológicos em mim e em Marie. Mesmo nas mãos mais competentes, um instrumento grande e pesado de metal chamado espéculo não dá nenhum prazer quando é introduzido numa pessoa. Nas mãos de Ella Traub, era uma tortura. Aqueles exames eram horrendos. Nós nos debatíamos contra a médica, trazíamos à tona o que havia de pior naquela pessoa então suave e bondosa, e a frustração que causávamos por nos debatermos e chorarmos fazia com que ela se tornasse ainda mais desajeitada. Não falemos mais nisso. Ela era uma médica adorada pela colônia tcheca. Sua sala de espera — um corredor comprido — estava sempre cheia de pacientes aguardando atendimento.

Era uma mulher feia, com olhos de um azul-claro; Fred, vejo na foto, era moreno e mais bonito, mas quando criança eu não fazia nenhuma distinção entre eles. Os dois eram igualmente chatos. Ele sempre sabia onde se podia comprar um determinado aparelho mais barato. Morreu de infarto ainda moço, como era comum na época. Ella continuou morando no apartamento e permaneceu presente na nossa vida familiar. A uma certa altura, seguindo a orientação (errônea?) de meu pai, passou a atuar como psicoterapeuta.

Ao começar o relato da última fase de vida de Ella, me chama atenção a típica disparidade entre o caráter dramático das histórias que ouvimos e contamos a respeito de pessoas que conhecemos e o caráter prosaico das pessoas em si. Na literatura, coisas interessantes acontecem com pessoas interessantes; na vida real, na maioria dos casos, acontecem coisas interessantes com gente desinteressante.

Ella tinha uma amiga chamada Olga Demant, casada com um dentista tcheco, Frank Demant, que nos havia tratado por um breve período e que, tal como os outros dentistas da nossa infância, despertava em nós medo e desprezo. Ele não era tão ruim quanto o dentista — creio que se chamava Logan — que arrancou da minha boca o dente *ao lado* daquele que ele pretendia extrair, mas também era ruim. Olga era uma cantora lírica aposentada, que no palco usara o nome Olga Forrai. Frank morreu, e Olga e Ella, viúvas, tornaram-se amigas. Olga ficou na minha memória como uma mulher grandalhona, morena, gorda e voluntariosa. Ela também ficou amiga de minha mãe, e em algum momento, não sei por quê, deu a minha mãe dois jogos de taças de vinho, que minha mãe imediatamente repassou para mim e para Marie. (Minha mãe não gostava de Olga, mas Olga recusava-se a ser descartada.) Tenho até hoje essas taças com beiras douradas, e gosto muito delas. Numa espécie de gesto de antialquimia, lavei as taças na máquina para desgastar o ouro, de propósito. Agradam-me os restos de ouro que ficaram nelas, mas aquelas beiras totalmente cobertas de ouro guardavam um excesso de atmosfera da mulher rica e pesada de quem elas provinham.

Agora vou contar como Olga foi cruelmente enganada por um jovem homossexual chamado Grover, que se insinuou na vida dela — foi morar no apartamento dela e "cuidar" de suas finanças. Um belo dia ele sumiu, levando toda a prataria e todo o dinheiro dela. Foi encontrado na Flórida e preso, mas Olga recusou-se a registrar queixa. Ela o amava muito e o perdoou. Olga morreu pouco depois.

Ficamos sabendo que Olga tinha sido uma cantora de algum prestígio, e foi criada uma fundação para homenageá-la; Ella se tornou uma administradora ativa da organização. Passou a dedicar boa parte do seu tempo à Olga Forrai Foundation, que concedia bolsas de estudo a cantores e maestros em início de carreira.

Na fundação, ela conheceu duas pessoas, um homem e uma mulher, que viriam a desempenhar um papel importante na sua vida — mais ainda, na sua pós-vida. O homem era advogado, e Ella o tornou administrador de seu patrimônio, despedindo o advogado honesto que havia trabalhado para ela durante décadas. A mulher (disso Ella não sabia) era amante do advogado e cúmplice na trama que roubou o patrimônio que deveria ter ficado para seus herdeiros. Ella não era rica, mas levava uma vida frugal, e quando ela morreu, em 1996, havia cerca de 2 milhões de dólares na sua conta, além de pinturas e outros objetos valiosos em seu apartamento. Ela teve uma morte terrível, de câncer; sua frugalidade a privou do conforto de ter um acompanhamento médico constante; apenas recebia visitas breves e insuficientes de funcionários da clínica de cuidados paliativos.

A herdeira natural de Ella era uma mulher chamada Linda Vlasak, mais uma imigrante tcheca. Ela e o marido, George, eram, por assim dizer, os "filhos" daquele casal que não tivera filhos. Eram baixinhos, alegres e engraçados. Moravam em Baltimore — Linda trabalhava na editora da Universidade Johns Hopkins, e George era professor na mesma instituição. Quando Ella morreu, George já tinha falecido pelo mesmo motivo que Fred. Parecia certo que o dinheiro e tudo o que havia no apartamento iria para Linda. Mas quando o testamento foi aberto, verificou-se que ela era apenas uma das oito pessoas entre as quais Ella havia dividido seus bens. Minha mãe era uma delas, e lembro-me de que ela ficou indignada e perplexa.

A surpresa do testamento foi seguida pela notícia de que não havia dinheiro a distribuir: o advogado ficara com tudo. Depois veio à tona que tudo o que ficara no apartamento de Ella fora tirado de lá e, ao que parecia, vendido pelo advogado desonesto. Lembro-me de uma vez que fui visitá-la, quando ela já estava para morrer, em que admirei sua coleção de vasos art nouveau de

Émile Gallé, e ela disse: "Por que você não leva um deles?". É claro que não aceitei, mas agora lamento ter tido aquela reação automática, ditada pela boa educação que eu recebera. Foi horrível constatar que nenhum sinal de Ella restava, que as pinturas do século XIX, as pequenas estátuas modernistas, os tapetes persas, o prato com tampa de peltre, tudo havia desaparecido para sempre. Passaram-se anos. O advogado foi encontrado e preso. Uma pequena quantia foi retirada dele e restituída aos herdeiros. A filha de Linda e George, Marian, que havia se formado na academia militar de West Point e se tornado tenente-coronel, aposentou-se e mudou-se para uma fazenda no Kansas com o marido e o filho; Linda foi morar com eles e tornou-se a avó indispensável. Dela recebíamos cartas engraçadas e cáusticas na época do Natal.

Mas a história não termina aí. Em 20 de novembro de 2008, Linda recebeu um e-mail com anexo de um desconhecido que se identificava como

Ken Strauss, médico americano atuante como diretor da European Medical Association [Associação Médica Europeia] na Bélgica. Sou também romancista com livros publicados, daí este e-mail. Através do dr. Jarslav E. Sykoral, diretor da SVU* de Nova York, recebi um PDF do obituário que a senhora escreveu em 1996 sobre a dra. Ella Traub, que em 1939 fugiu de Praga, então controlada pelos nazistas, e passou a maior parte de sua vida profissional atuando como uma extraordinária médica tcheco-americana em Manhattan. Segue em anexo uma versão em rascunho da introdução a um livro que pre-

* Sigla em tcheco da Czechoslovak Society of Arts and Sciences (Sociedade Tcheco-Eslovaca de Artes e Ciências), organização internacional sem fins lucrativos que põe em contato pessoas interessadas nas contribuições intelectuais tchecas e eslovacas.

tendo escrever, juntamente com o dr. Enzo Costigliola (presidente da European Medical Association), sobre a dra. Traub. Vou explicar os caminhos curiosos que nos atraíram a ela e a este projeto.

Curiosos, sem dúvida. Numa tarde de dezembro de 1996, o dr. Costigliola estava passando por um prédio residencial no Upper East Side e viu "uma pilha imensa de livros, papéis, roupas e móveis — espalhados de qualquer maneira —, tudo largado na calçada e na sarjeta, aguardando os caminhões de lixo". Costigliola viu por acaso uma pasta, que ele recolheu da pilha, contendo cartas e papéis — alguns em inglês e outros numa língua que ele não reconheceu — que haviam pertencido a uma mulher chamada Ella Traub. Ele levou a pasta, e de vez em quando lia uma ou outra carta à toa, mas não falou com ninguém a respeito de seu achado. Embora "continuasse intrigado", passaram-se doze anos, enquanto a pasta, em seu escritório, "acumulava poeira". Então, em 2008, durante uma reunião com Strauss, Costigliola num impulso mostrou a pasta e contou a seu amigo como a obtivera. Strauss recorreu a um computador e digitou "Ella Traub" no Google, e na mesma hora teve acesso ao obituário que fora escrito por Linda. "Enzo ficou pasmo", segundo Strauss. "Ele nunca havia pensado em dar uma busca na internet. Em cinco minutos, descobri coisas que o intrigavam havia mais de dez anos."

A primeira das sete páginas da introdução, escrita por Strauss e intitulada "The Discovery of Ella" [A descoberta de Ella],[4] mostra a foto de uma mulher com a legenda "Esta é Ella". Na segunda página, Strauss informa que a foto foi tirada em 1940, quando Ella teria 29 anos, e a descreve em seguida:

Ela tem uma tez lisa e bronzeada, uma testa alta, olhos amendoados sob sobrancelhas espessas e cabelos ondulados abundantes. Traja uma blusa rendada presa por um broche. A blusa justa destaca os ombros arredondados e o busto cheio. Ela tem um sinal na face esquerda, e olha por cima dos ombros do fotógrafo, um olhar intenso e simpático. Os lábios são finos e aquilinos, muito bem pintados com batom. É uma linda jovem, sensual e inteligente.

É como imagino que teria sido Anne Frank, se sua vida não tivesse sido interrompida.

Em seguida, ele apresenta uma outra foto, tirada vinte anos depois: uma foto coletiva dos funcionários do Jewish Hospital of Brooklyn, dispostos em quatro fileiras. São duas mulheres em meio a 48 homens. Uma das mulheres, sentada na última fileira, "parece ser filipina", comenta Strauss, portanto Ella deve ser a mulher na quarta fileira — "com uma expressão aborrecida e cansada, o cabelo espesso cortado rente" — ao lado de um homem altíssimo e bonito, que deve ser Fred Traub.

Com base no obituário escrito por Linda, Strauss ficou sabendo que Ella tratou alguns membros destacados da colônia nova-iorquina de asilados tchecos, entre eles Alice Masaryk, filha de Tomáš Masaryk, o primeiro presidente da Tchecoslováquia, mas que "seus pacientes eram em sua maioria pessoas comuns". Strauss elogia Ella por praticar uma medicina "tradicional", não cobrar dos pacientes muito pobres, instalar um consultório em seu próprio apartamento e atender os pacientes em domicílio. Ele afirma que o livro planejado será uma homenagem a um ideal (já abandonado) da medicina tal como ela deveria ser praticada e da vida tal como ela deveria ser vivida. No final, ele volta a mencionar Anne Frank: "Ela foi a Anne Frank que sobreviveu — uma jovem que teve o instinto de perceber o que estava por vir e a coragem de partir justamente quando a sua carreira estava prestes a decolar. Escapou das garras de Hitler na hora certa".

A resposta que Linda mandou para Strauss tinha seu jeito seco característico:

Lamento informá-lo de que a interpretação imaginativa das fotos do dr. Costigliola, que o senhor pretende usar no início do primeiro capítulo, não corresponde aos fatos. O retrato não é de Ella, e sim de Anna Wiley, a esposa italiana do primo de Fred Traub, Charlie Wiley (nome tcheco: Karel Weil). Em 1940, ela tinha cerca de vinte anos e ainda estava morando na Itália, pois só imigrou para os Estados Unidos depois da guerra, se não me falha a memória. Conheci-a na casa dos Traub e mantive contato com ela até mais ou menos 1998. Com relação à foto coletiva dos funcionários do hospital, lamento decepcioná-lo mais uma vez. Ella não aparece na foto, porque não trabalhava no hospital em 1960, e a mulher identificada como ela é uma desconhecida para mim. Porém, o marido de Ella está na foto, sim, no centro da primeira fileira, o sétimo contando da esquerda.[5]

Linda aproveita para dizer que os autores devem ter cautela ao utilizar os documentos encontrados:

O espólio de Ella foi objeto de um litígio prolongado e complexo, e o advogado escolhido por ela para ser seu testamenteiro acabou passando algum tempo na cadeia por haver negligenciado, malbaratado e roubado a propriedade. O momento em que o dr. C. pega as cartas na sarjeta em frente ao prédio nº 405 da East Seventy-Second Street,[6] onde Ella viveu e morreu [...] me parece quase um ato da Divina Providência. Mas eu consultaria a firma de advocacia encarregada de resolver a confusão para me certificar de que os documentos "encontrados e resgatados" não seriam considerados "propriedade roubada" como parte do espólio. Seja como for, como uma das beneficiárias sobreviventes mencionadas no testamento de Ella, reivindico o privilégio de examinar esses documentos antes de liberá-los para a publicação.

Não sei se Linda teve acesso aos papéis. Concluo que "The Discovery of Ella" não chegou a ser publicado.

Seguindo o exemplo de Strauss, recorro ao Google e dou buscas no nome dos dois homens, e também da misteriosa European Medical Association a que eles pertencem. Sou informada de que Strauss é médico e escritor e proprietário de uma mansão na fronteira franco-belga chamada Le Château du Jardin, onde médicos e enfermeiros com aspirações literárias, artísticas ou musicais podem candidatar-se a uma bolsa como artista em residência. Publicou um romance intitulado *La Tendresse*, pela Black Ace Books, editora sediada em Forfar, Escócia, e dois outros on-line. Também publicou artigos científicos no campo da endocrinologia. O dr. Costigliola é um médico que já ocupou vários cargos oficiais, entre eles o de chefe de serviços médicos da marinha italiana.

A European Medical Association permanece misteriosa.

DISCUSSÃO

Pergunta: Qual o sentido dessa história?

Resposta: Coisas interessantes acontecem com pessoas desinteressantes.

Pergunta: Isso é repugnante. Quem é você para dizer quem é interessante e quem é desinteressante?

Resposta: Tem razão. A crítica é perfeitamente justificada. Estou envergonhada.

Pergunta: Seus pais eram amigos de Fred e Ella. E no entanto eles transmitiram algo a você e a sua irmã que as levou a assumir essa atitude desdenhosa em relação a eles. Você precisa desatar o nó dessa contradição.

Resposta: É verdade, meus pais devem nos ter dado permissão para esnobar os Traub. Eles deixaram que nós os ouvíssemos caçoando do jeito gauche do casal. Mas só nos passaram uma ideia vaga do mais importante: a força e a seriedade do vínculo que eles tinham com Fred e Ella. Em Praga eles viviam em esferas diferentes, mas nos Estados Unidos eram todos companheiros de exílio, tendo que enfrentar a mesma estranheza, sentindo saudade da terra de origem. O jeito *nekulturny* [inculto] dos Traub não tinha nenhuma importância em comparação com o conforto que sua condição de tchecos lhes proporcionava. Meus pais vieram para os Estados Unidos por causa da guerra, mas quando a guerra terminou eles não voltaram. Eles haviam se adaptado de imediato à América, mas paradoxalmente não aos americanos, que de algum modo permaneciam estrangeiros para eles. Durante a década de 1940, seus amigos eram outros imigrantes tchecos, e os mais próximos eram os vizinhos Traub. Os amigos americanos só vieram muito depois. Levei três quartos de século para entender isso.

Lembro-me de uma história que minha mãe me contou sobre um dos seus primeiros choques culturais nos Estados Unidos. Ela estava jantando na casa de uma família americana. Era chegada a hora de repetir o prato. Quando a travessa foi oferecida a minha mãe, ela recusou. Era o que a etiqueta recomendava em Praga. Toda uma rasgação de seda (*nutcení*) tinha que ser encenada. A anfitriã insistia para que o convidado pegasse mais comida, e depois de muita insistência ele finalmente aceitava o convite. Mas nos Estados Unidos a expressão "não, obrigada" era entendida ao pé da letra, e a travessa cheia de uma comida americana deliciosa foi afastada dos olhos tristes de minha mãe.

Pergunta: E os dois médicos saídos de uma narrativa de Gógol? São engraçados, mas o que eles têm a ver com essas suas memórias da infância?

Resposta: Vou tentar fazê-los se encaixar na história. Eles evocam o absurdo que marcava a vida da nossa família. Meu pai era o absurdista-chefe. Não sabíamos muito sobre o tal de dadaísmo, mas ele funcionava como um modelo de humor irreverente. Meu pai teria se deliciado com "The Discovery of Ella", e minha mãe também, porque embora desempenhasse o papel da mamãe bondosa que protestava, na verdade ela reconhecia uma situação ridícula, e também tinha seu lado espirituoso e sarcástico.

Pergunta: E Linda Vlasak, que adorava os Traub e não os achava chatos? Você se sente incomodada ao imaginá-la lendo a respeito do que você e Marie pensavam sobre eles — e perceber que seus pais eram responsáveis por essa arrogância?

Resposta: Sim, e muito.

Francine

No colégio ginasial, havia uma menina chamada Connie Munez, que parecia a heroína de um conto de fadas: dotada de uma beleza sobrenatural, uma bondade extraordinária e pouca personalidade. As outras meninas — era um colégio só para meninas — a cortejávamos, nos reuníamos em torno dela, disputávamos sua atenção, que ela dispensava de modo generoso e indiscriminado. Tinha tez clara e cabelo preto, faces rosadas e um lindo sorriso. Levei muito tempo para me dar conta do quanto ela era desinteressante. Não sei bem por que a imagem dela e minha visão dela como uma pessoa insípida permanecem na minha memória.

Já minha amiga Francine Reese, uma menina "má", deixou uma marca mais profunda na minha imaginação retrospectiva. Tornamo-nos melhores amigas uma da outra, contra a vontade de meus pais. De algum modo eles sabiam da sua reputação, e talvez soubessem algo que lhes parecia condenável sobre os pais dela. Voltávamos da escola a pé juntas, às vezes parando numa bonbonnière na York Avenue para dividirmos um leite maltado e um *pretzel*. Naquela época, as bonbonnières eram lugares atulhados e escuros, como oficinas de sapateiros, que vendiam balas, jornais e outras coisas variadas; o proprietário, um homem mal-humorado mas bondoso, servia sorvetes com soda e milk-shakes. O homem que preparava os milk-shakes usava as quantidades exatas de leite, sorvete de baunilha, xarope de chocolate e malte, sem jamais errar, enchendo dois copos até a boca depois que a máquina terminava sua performance ruidosa. Lembro-me de Francine bebendo e levantando os olhos, como quem emerge de um estado alterado da consciência, para dizer: "Como é gostoso". O fato de essas palavras triviais terem permanecido em minha mente enquanto pronunciamentos mais importantes desapareceram é mais um exemplo da imprevisibilidade da memória.

Francine vivia se metendo em encrencas na escola. Tinha um espírito de rebeldia e insubordinação. Não sei mais, se é que já soube, que espécie de encrenca ela aprontava. Mas vivi a experiência inesquecível de ser atraída para a sua órbita de caos e desobediência. Eu era uma "boa menina", ainda que não fosse particularmente boa como aluna, e na minha tentativa de agradar meus pais sem ter que me esforçar muito nos estudos, eu assumia atividades extracurriculares opcionais que pareciam meritórias. Uma delas (talvez a participação num programa radiofônico em que alunos diziam bobagens sobre "eventos atuais") levou a um convite, que me foi transmitido pela escola, para entrar numa organização idealista denominada World Friendship Council of the Future [Conselho Mundial de Amizade do Futuro] e ir a uma recepção que ocorreria em breve. Naturalmente, aceitei o convite, mas tive a péssima ideia de levar Francine comigo.

A recepção era num apartamento chique da Park Avenue, e o cenário, tal como o recordo, era a apoteose da riqueza e pretensão da Park Avenue: pessoas com roupas elegantes sentadas em cadeiras e sofás antigos; empregadas de uniforme servindo canapés que pareciam deliciosos; o rumor de vozes educadas falando baixo. Para Francine, é claro, toda essa sofisticação não passava de mais uma oportunidade para pintar o sete. Ela corria de um lado para o outro, rindo, derrubando coisas, se enfiando em lugares que não estavam abertos para os convidados. Mas não corria sozinha: levava-me com ela, na condição de cúmplice impotente. Tenho uma lembrança geográfica da ocasião: uma sala com convidados e empregadas e canapés numa extremidade, e na outra uma área desocupada da qual Francine, me levando de reboque, se apropriara para lá aprontar. Por mim, eu teria preferido ficar sentadinha num sofá de veludo, tratando os adultos ricos com reverência e comendo os canapés deliciosos. Porém eu havia trazido Francine, e abandoná-la era impensável. Me coloquei na situação do rapaz refinado que inadvertidamente vai parar no meio de gente chique com uma amante grosseira, mas se recusa a fingir que não a conhece. Eu tinha consciência de que havia cometido um erro, mas não me arrependia de permanecer leal a minha amiga; eu lamentava, sim, era ter que abrir mão dos canapés.

Algumas semanas depois, recebi uma carta na escola. Essa carta reapareceu alguns anos atrás numa caixa de papéis da família, e eu a tenho diante de mim agora. Foi datilografada em papel timbrado de uma organização chamada World Festivals for Friendship, Inc., e assinada por sua diretora-executiva, uma certa Gerda Schairer, e as iniciais da pessoa que a datilografou enquanto a outra ditava. A data é 10 de abril de 1947. Do lado esquerdo do timbre há uma longa lista de patrocinadores da organização, entre eles Fiorello La Guardia, Rockwell Kent, Lily Pons, Fannie Hurst e Thomas Mann. Diz a carta:

Cara amiga,

Como pedi ao dr. Turner que escolhesse alguns membros para o World Friendship Council of the Future para substituir aqueles que haviam se mudado da cidade, creio que ele não entendeu bem e escolheu algumas crianças, que a nosso ver ainda são jovens demais para participar das reuniões realizadas pelo World Friendship Council of the Future.

Você teve a bondade de estar presente a duas reuniões, mas a nosso ver seria melhor se você não viesse às próximas, pois mais tarde, daqui a dois ou três anos, participar desse grupo talvez seja mais prazeroso para você.

Você e seus amigos serão bem-vindos à comemoração do Dia Mundial da Amizade, em 8 de maio, como integrantes da plateia. Por favor, avise-nos se você e seus amigos pretendem vir, que teremos o prazer de lhes enviar os convites.

Imagino como devo ter ficado mortificada ao receber essa carta. Tenho pena da menina que foi obrigada a ler essas palavras cruéis e punitivas. Ao mesmo tempo, sou obrigada a sorrir diante do fantasma de Francine evocado por esse texto irritadiço, um fantasma que parece rir por último. Conseguir vencer de tal modo as resistências de uma mulher adulta a ponto de fazê-la esquecer de sua maturidade, reduzindo-a à condição de uma criança birrenta reagindo a outra criança, não é pouca coisa.

Chama minha atenção este trecho da carta: "Você teve a bondade de estar presente a duas reuniões". Pelo visto, eu já tinha ido ao apartamento chique uma vez antes daquela visita catastrófica. Sem Francine, eu havia me comportado bem; havia conquistado a boa vontade dos convidados ilustres e provado os canapés deliciosos. Veio então um segundo convite, e, se eu não tivesse trazido Francine, teria havido um terceiro e um quarto. Quem sabe.

Talvez até hoje eu estivesse participando das reuniões do World Friendship Council of the Future.

Francine e eu fomos para escolas diferentes no colegial, e a amizade morreu de morte natural. Ao longo dos anos, outras meninas "más" entraram na minha vida. O que nelas me atraiu foi sua rebeldia, e creio que elas se sentiam atraídas por mim pelo mesmo motivo que leva alguns homens gays a se sentirem atraídos por homens héteros nos quais julgam perceber — com razão ou totalmente sem ela — uma vaga possibilidade de conversão. Jamais me tornei uma menina má de verdade, mas na companhia dessas amigas consegui conter uns excessos das minhas tendências a santinha que faziam parte da minha natureza. (Os Estados Unidos durante a Segunda Guerra Mundial eram um campo fértil para essas tendências.) O interesse de Francine por mim talvez também representasse um certo anseio, talvez até mesmo inveja. Eu morava num dos prédios novos do quarteirão; ela vivia num cortiço. O pai dela era operário; o meu era médico. Havia algo de atormentado e compulsivo no seu comportamento maníaco; talvez fosse submetida a maus-tratos em casa. Não sei que fim ela levou, nem ela nem Connie. Francine talvez se lembre de mim. Duvido que Connie se lembre.

Paixão

Há no meu apartamento uma caixa com o rótulo "Fotos velhas não boas". "Não boas" é apelido. Em sua maioria, são quadrados com 6,5 centímetros de lado que exibem pequenas imagens borradas em preto e branco, fotos tiradas a uma distância excessiva de pessoas cujos rostos são quase indistinguíveis, pessoas em pé, sentadas ou em grupos, tendo como pano de fundo um cenário cinzento e desinteressante. São como sonhos vagos que se dissipam quando acordamos, e não como aqueles que proclamam sua importância, nos acompanham pelo resto do dia e parecem clamar por uma interpretação. No entanto, como a psicanálise nos ensinou, são os sonhos menos pretensiosos, que assumem essa aparência como disfarce para desviar nossa atenção, que às vezes nos trazem as mensagens mais importantes da vida interior. Do mesmo modo, algumas dessas pequenas fotos nada atraentes, se ficamos a examiná-las por um tempo, começam a falar conosco.

Uma foto de dezessete rapazes e moças do colegial, sentados num gramado e fazendo caretas para a câmera, me transporta para um céu de um azul profundo pontuado pelas silhuetas de minaretes. Nunca estive no Oriente Médio. A lembrança do céu riscado por minaretes vem de um cinema, o Loew's 72nd Street, onde vi muitos filmes na infância e na juventude, e onde um dos rapazes que aparecem na foto, Jimmy Scovotti, trabalhava como lanterninha nos fins de semana. Antes que a sala de projeção escurecesse e a projeção tivesse início, a gente se via imersa numa espécie de devaneio orientalista. O interior fora decorado como um palácio de *As mil e uma noites*. Que eu me lembre, esse fato não me impressionava muito — o Loew's 72nd Street não era o único cinema onde esse tipo de entretenimento era acrescentado ao que vinha em celuloide —, mas era uma coisa que eu curtia, tal como curtia tantas outras amenidades dos anos 1940 que agora parecem absurdas. Foi meu primeiro encontro com os clichês examinados no grande livro de Edward Said.

Não reconheço nenhum dos outros rapazes da foto, só uma garota chamada Nathalie Gudkov e eu mesma. Sei que a foto foi tirada num passeio a um parque em Yonkers, o Tibbetts Brook Park, mas não me lembro de nada do passeio em si, nem lembro por que eu estava lá. Sei que eu não tinha muita ligação com nenhum daqueles colegas do colégio. Nenhum daqueles rapazes foi alvo da minha paixão na época. Ao escrever a palavra "paixão", a fotografia — quase escrevi "o sonho" — começa a falar, um pouco rápido demais, sobre o hábito de se apaixonar que formamos na infância, o vírus da paixonite que se instala em nós, contra o qual não existe vacina. Jamais nos livramos dessa doença. Entramos e saímos desse estado de anseio crônico. Quando olhamos para trás e percebemos que ao longo da vida volta e meia somos fisgados, impotentes, o que nos resta dizer senão "eu também"?

Em "Observações sobre o amor de transferência" (1915),* o terceiro de uma série de artigos sobre técnica psicanalítica que constituía uma espécie de manual prático para analistas nos primeiros anos da profissão, Sigmund Freud alertava os psicanalistas iniciantes (quase nenhum dos quais era do sexo feminino) para um dos perigos da profissão. As pacientes, ele alertava, vão se apaixonar por você, mas não fique achando que isso deve ser "atribuído aos encantos de sua pessoa", nem que se trata de amor de verdade. É uma peculiaridade do tratamento, uma forma de resistência a ele. Faça o que você fizer, jamais corresponda a esse amor, e tente convencer a paciente a resistir à paixão e não abandonar o tratamento, que terminará curando os problemas amorosos que a fizeram recorrer à análise. Nós, psicanalistas, escreve Freud, devemos

> cuidar para não nos afastarmos da transferência amorosa, não afugentá-la ou estragá-la para a paciente; e também abstermo-nos, de modo igualmente firme, de corresponder a ela. Conservamos a transferência amorosa, mas a tratamos como algo irreal, como uma situação a ser atravessada na terapia e reconduzida às suas origens inconscientes, e que deve ajudar a pôr na consciência, e portanto sob o controle, o que há de mais escondido na vida amorosa da paciente.

Freud passa então a distinguir o amor transferencial da "verdadeira paixão", e afirma que se a paciente estivesse apaixonada de fato pelo analista, ela tentaria ajudá-lo a realizar o tratamento, e não sabotá-lo. Ademais, "[um] segundo argumento contra a au-

---

* Sigmund Freud, "Observações sobre o amor de transferência", em *Observações psicanalíticas sobre um caso de paranoia relatado em autobiografia ("O caso Schreber"), artigos sobre técnica e outros textos (1911-1913)*. Obras completas, v. 10. Tradução e notas de Paulo César de Souza. São Paulo: Companhia das Letras, 2010. Neste artigo Janet Malcolm irá se referir às pp. 213, 220-3.

tenticidade desse amor consiste em que ele não exibe uma só característica nova, oriunda da situação presente, mas se constitui inteiramente de repetições e decalques de reações anteriores, infantis inclusive".

Em seguida, Freud lança mão de um daqueles artifícios retóricos astutos que marcam sua obra e lhe conferem uma potência especial. Ele prevê a objeção do leitor ao que acaba de ser afirmado e a aceita; pergunta se é mesmo possível afirmar que "a paixão que se torna manifesta na terapia analítica não deve ser tida como real?". Não, não é possível, pois "é verdade que essa paixão consiste de novas edições de velhos traços e repete reações infantis. Mas este é o caráter essencial de toda paixão". E prossegue: "O amor de transferência possui talvez um grau menor de liberdade que o amor conhecido como normal, que sucede na vida, deixando reconhecer mais a dependência do padrão infantil, mostrando-se menos flexível e capaz de modificação, mas isso é tudo e *não é o essencial*". [O grifo é meu.]

Freud conclui o artigo reiterando suas advertências: "Sem dúvida, o amor sexual é uma das principais coisas da vida, e a união da satisfação física e psíquica, no gozo do amor, é uma de suas culminâncias. Todas as pessoas, exceto alguns esquisitos fanáticos, sabem disso e pautam sua vida conforme isso".

Mas o analista deve resistir firmemente à tentação de corresponder ao amor da paciente. O autor acrescenta: "Não é o desejo cruamente sensual da paciente que produz a tentação. [...] São talvez os desejos mais sutis da mulher, inibidos na meta, que trazem consigo o perigo de fazer esquecer a técnica e a missão médica em troca de uma bela vivência".

Uma bela vivência. Se lemos "Observações sobre o amor de transferência" com a atenção flutuante com que o analista é orientado a escutar os monólogos do paciente, surpreende-nos a linguagem que Freud se permite utilizar em seu artigo científico, a linguagem da vida comum vivida em busca da experiência erótica. É a honestidade de Freud que se impõe às suas ambições científicas e o obriga a reconhecer que essa coisa denominada amor transferencial é um conceito um tanto duvidoso, se não for um disfarce para a atração que surge entre um homem e uma mulher que se encontram todos os dias numa saleta e conversam sobre coisas íntimas enquanto um dos dois está deitado. O conceito de transferência, a ideia de que nunca nos vemos uns aos outros tal como "somos", porém sempre através de uma névoa de associações com figuras de nossa família dos tempos da infância, é a matriz da terapia psicanalítica. O analista atrai a atenção do paciente para aquilo que ele não percebe na vida cotidiana, para o velho drama surrado que ele se sente compelido a representar com cada nova pessoa em sua vida. Ele propõe um roteiro alternativo a essa comédia de enganos. Mas reconhece — e em nenhum outro lugar com maior ímpeto relutante do que em "Observações sobre o amor de transferência" — as consequências danosas e duradouras dos nossos primeiros encontros eróticos infelizes.

Na época do passeio ao Tibbetts Brook Park, é claro que eu ainda não havia lido o artigo de Freud, coisa que só viria a acontecer muitos anos depois. Mas já conhecia muito bem um outro texto sobre amor e abstinência: um best-seller chamado *Seventeenth Summer* [O décimo sétimo verão], romance de Maureen Daly publicado pela primeira vez em 1942, a história de um amor de verão entre uma jovem de dezessete anos, Angie Morrow, e um rapaz chamado Jack Duluth, que viviam em Fond du Lac, uma cidadezinha em Wisconsin, e que nunca fizeram nada mais do que se beijarem. Relendo o livro anos depois, entendi o que ele era: uma defesa da ideologia sexual repressiva da época, segundo a qual as boas meninas não iam "até o fim", e os bons meninos também não esperavam nem mesmo queriam que elas fizessem tal coisa, já que sua inexperiência sexual os tornava inseguros. Mas na época em que o li, o livro só servia para estimular em meninas adolescentes desinformadas como eu o anseio por um namoro sem sexo, sem jamais perturbar a cortina de seriedade através da qual boa parte da nossa realidade americana do pós-guerra era filtrada. Quando Angie relembrava seu primeiro encontro com Jack, num barco — evocando seu "cheiro de sabonete Ivory quando o rosto dele estava bem junto ao meu" —, nós não ríamos. Que outro cheiro poderia ter um rapaz merecedor de amor?

As metáforas de limpeza e sujeira formam a base da subestrutura do livro, representando a oposição entre pureza e corrupção. Sempre que Jack entra em cena, Angie, que está longe de ser desleixada — fica o tempo todo passando roupa, fazendo a cama e enxugando pratos —, imediatamente percebe, com alegria, que ele é muito mais limpo do que qualquer outro rapaz. ("As camisas dele sempre pareciam limpas, enquanto as dos outros garotos eram quentes e amassadas.") O impuro ato sexual é representado pela natureza, pela água escura e lodosa e as algas gosmentas do lago, e as árvores,

> curvadas para baixo, a retorcer-se e gemer, forçando os troncos e debatendo-se numa estranha harmonia com a água atormentada. Ondas cinzentas quebravam-se contra a costa e golpeavam o cais de madeira, como mãos nuas estapeando as rochas achatadas. A espuma subia no ar, e o vento tinha um cheiro úmido, pesado e sugestivo de peixe.

Para evitar que a leitora seja influenciada pelo caráter sugestivo das passagens sobre a natureza no sentido de afastar-se, ainda que apenas em pensamentos, do caminho reto e estreito do medo do sexo, Daly introduz um subenredo didático envolvendo Lorraine, a irmã de Angie, que não é bonita e natural da maneira como Angie é — está sempre cacheando o cabelo e besuntando o rosto de cremes — e que, numa tentativa desesperada de mantê-lo interessado nela, cede às exigências sexuais de um sujeito "estouvado", desagradável, mais velho (já na faixa dos vinte anos), chamado Martin. Jamais ficamos sabendo se a desditosa Lorraine foi "até o fim" com Martin, ou se apenas lhe concedeu as liberdades denominadas da época: "carícias" ou "agarramento". "As coisas agora não são como eram antes", diz Lorraine a Angie, em tom de desafio, na cena de confissão em que ficamos sabendo de suas transgressões. "Agora *todo mundo* faz assim, e ninguém fica achando que... você sabe o que eu quero dizer..." Mais tarde, porém, ela admite, infeliz: "Não era assim que eu devia agir. Ouvi falar de outras garotas... mas não era assim que eu devia ser".

Essa história de amor cuidadoso continua sendo reeditada. Entre as reações de leitores ao romance de Daly que encontrei na Amazon, minha favorita é a de uma leitora com mais de vinte anos que comprou um exemplar para uma menina de onze, e não sabe muito bem como o presente será recebido: "Uma garota de onze anos que tem fantasias de beijar meninos provavelmente vai gostar. Uma garota de onze anos que já transou talvez ache o livro 'bobo'".

Atlantic City

A foto mostra meu pai, minha mãe, Marie e eu, em pé, lado a lado, de frente para a câmera. No verso, temos a inscrição carimbada: "Boardwalk Camera Shop, 707 Boardwalk, Atlantic City, NJ. Ao fazer um novo pedido, use o nº 689". Não imagino que tenha sido feito um pedido de outra cópia dessa foto. Todos nós saímos péssimos nela. A data, anotada na letra de meu pai, é 12 de junho de 1949. Ele foi quem saiu pior. Não dá para acreditar que o terno que ele está usando tenha sido vendido para ele. Dizer que não está bem ajustado nele é muito pouco: as calças largas caem emboladas sobre os sapatos, o paletó de lapelas largas parece alguns números maior do que ele, e no entanto está apertado na cintura. A roupa de minha mãe — um vestido disforme de bolinhas que a faz parecer mais gorda do que ela é, se bem que magra ela nunca foi — é só um pouquinho menos ruim do que o terno. Marie, com quase treze anos, usa uma blusa branca com mangas bufantes e uma saia escura que vai até as panturrilhas; a saia não fica muito bem nela, mas não é tão feia quanto o vestido da minha mãe. O rosto de Marie é belo, mas o sorriso é artificial. Eu estou com uma blusa de manga bufante como a dela, e uma saia que desce até os tornozelos com uma faixa larga bem apertada na cintura. Estou esbelta, mas a roupa parece afetada e incongruente, e aos quinze anos meu rosto não é bonito nem simpático. Uma brisa despenteou meu cabelo curto, tal como fez com o de minha mãe, mas curiosamente o penteado de Marie, bem dividido ao meio, está intacto. Meu pai é careca, como era desde os vinte e tantos anos. Ele parece um vendedor de aspiradores de pó.

Tenho fotos de meus pais tiradas em Praga nas décadas de 1920 e 1930 que são muito diferentes dessa de Atlantic City. Nelas, meu pai está elegante, usando ternos bem cortados que acompanham as linhas de seu corpo bem proporcionado. Minha mãe exibe roupas chiques e da moda. Há uma foto em que ela está com

uma boá de raposa por cima de um casaco comprido, caminhando pela praça Venceslau de braço dado com meu pai, que está de chapéu. Numa foto tirada no interior de uma casa, meu pai está com os olhos maquiados, batom nos lábios, uma peruca feminina e um vestido, posando ao lado de um outro homem com roupas femininas e um terceiro de smoking e óculos absurdamente grandes de lentes redondas. Sempre achei que essa fotografia é de um dos bailes dadaístas promovidos por um casal de sobrenome Peta, frequentados pelas sofisticadas rodas praguenses de que meus pais faziam parte.

Quando emigraram para os Estados Unidos, tudo isso ficou para trás. Eles viraram americanos de classe média. Na foto de Atlantic City eles abraçam uma vida nova, com menos dinheiro e prazeres mais convencionais. Atlantic City talvez até fosse um excesso. A cidade ainda não era dedicada aos cassinos. Era um balneário com hotéis chiques e praias boas, onde foi inventada a bala puxa-puxa salgada e eram realizados os concursos de Miss América. Não me lembro do que estávamos fazendo em Atlantic City. Não sei se ficamos num hotel ou se fomos e voltamos para casa no mesmo dia. Tenho uma vaga lembrança de suvenires baratos à venda no calçadão da praia.

Nem todos os emigrados de Praga se adaptaram ao Novo Mundo com tanta facilidade quanto meus pais. Estou pensando em Ferdinand Peroutka, que fora um dos principais jornalistas políticos — talvez *o* principal — da Tchecoslováquia, e que nunca conseguiu se firmar aqui. Lembro-me dele como um velho ressentido e mal-humorado, casado com uma mulher mais jovem, bonita e simpática chamada Slávinka. Não sei de que eles viviam. Será que ela trabalhava e sustentava o marido? Lembro-me de Mirko Tuma, poeta e ladrão. Meus pais e outros amigos tinham pena dele e lhe davam dinheiro. Foi apanhado em flagrante de apropriação indébita, mas deu um jeito de escapar da prisão. Ele era uma espécie de piada sem graça. Por outro lado, o lado de meus pais, havia imigrantes como Ivo Duchacek, mais um que fora importante na pequena Československo, que se tornou uma espécie de Edward R. Murrow* na Voice of America, e depois foi um destacado professor de ciência política no City College of New York. Ele e sua segunda esposa, uma jovem muito simpática chamada Helena Kolda — ela havia emigrado da Morávia com os pais e o irmão —, eram muito amigos da minha família, tanto de meus pais quanto de Marie e mim, porque Helena — que nós chamávamos Helenka — era bem próxima de nós em idade. Helenka e o irmão, Pavel, nos proporcionavam um vínculo com o absurdismo do entreguerras da Europa Central. Antes dos happenings das décadas de 1960 e 1970, nós organizávamos sessões de patuscadas à Tzara com Pavel, Ivo e Helenka. Helenka era a mais desinibida de todos. Ela cantava "*Kýčera*" — uma música das montanhas da Morávia, que os pastores cantavam de um pico para outro — a plenos pulmões, a ponto de fazer a mobília estremecer. Nós dançávamos danças malucas, disparatadas. Ivo e meu pai trocavam peças eru-

---

* Pioneiro do jornalismo em rádio e televisão e correspondente de guerra norte-americano (1908-65).

ditas, espirituosas, terrivelmente pornográficas. Mas essas noitadas eram desvios em relação à vida norte-americana em que os Winn e os Duchacek ocupavam lugares fixos.

Muitos dos imigrantes que não haviam conseguido se assimilar — Peroutka entre eles — moravam em Jackson Heights, no Queens, num prédio residencial encontrado para eles pelo meu tio Paul, que atuava no mercado imobiliário. Eu desprezava esse prédio sujo e soturno em Jackson Heights. Na verdade, nem tenho certeza de que cheguei a ver o prédio ou se apenas o imaginei. Os outros burgos de Nova York para mim eram como a Mongólia Exterior. Para mim, Nova York era Manhattan. Jackson Heights era uma espécie de metáfora do fracasso e da desdita.

Minha mãe chamava o edifício de Centroklep, ou Central da Fofoca. Todo mundo sabia da vida de todo mundo, e os mexericos vinham pela ponte de Queensboro até a colônia tcheca de Yorkville, que mandava para lá as fofocas locais. Um dos imigrantes tchecos que moravam na Centroklep era Karel Steinbach, um homem baixinho, roliço e muito simpático que estava longe de ser um fracassado. Era ginecologista e obstetra, e tinha um bom emprego na Governors Island, no porto de Nova York, na época uma base militar; Steinbach fazia exames ginecológicos nas militares que serviam na ilha. Na verdade, este homem salvou a minha vida. A história que me contaram é que, em julho de 1934, minha mãe estava em trabalho de parto havia três dias e a situação estava ficando desesperadora. Steinbach, que por acaso estava passando pelo quarto do hospital em que ela se encontrava, entrou e me tirou com um fórceps. Mas Steinbach continuou sendo — pelo menos na minha imaginação — um dos habitantes deploráveis de Jackson Heights. Ele tinha uma amante chamada Vlasta, que também morava no prédio, uma mulher bonita e bondosa, divorciada, com um filho adolescente. Uma vez combinei de sair com esse rapaz, e foi um encontro catastrófico. Já não lembro o nome dele, se é que algum dia o soube.

Havia um refúgio rural onde se reuniam os tchecos de Jackson Heights e de Manhattan, um lugar chamado Lost Lake, no condado de Putnam, que ficava a uma hora e meia da cidade. Foi criado em 1927, quando um sujeito rabugento chamado Harold Kline — rabugento daquela maneira assumida que era comum na época — comprou uma fazenda extensa e nela criou um lago artificial, uma espécie de Walden Pond,* à margem do qual ele construiu umas cabanas simples porém bonitas. Um grupo de amigos dele, russos-brancos, costumavam ir para lá, e à noite o ar se enchia de balalaicas e melancólicas canções russas — pelo menos, era o que se dizia. Quando minha família começou a frequentar o Lost Lake, os russos-brancos já tinham ido para onde vão os russos-brancos, e Harold Kline era obrigado a alugar suas cabanas para americanos e imigrantes tchecos. Meus pais, os Traub, os Duchacek e os Peroutka estavam entre eles. (Harold sempre fazia questão de escrever seu nome como Kline e não Klein — era assim, e de outras maneiras, que ele traía as suas pretensões idealistas e boêmias. Mas as cabanas eram realmente muito bem projetadas.)

Minha filha Anne, nascida em 1962, agora entra na narrativa com lembranças dos Peroutka no tempo em que ela era bem pequena e ia para o lago com os avós. Sua lembrança gira em torno do cachorro dos Peroutka, uma coisinha fofa branca chamada Fifinka, que havia sido ensinada a vir correndo quando o dono assobiava uma certa melodia. Anne contou para mim que seus avós atravessavam o lago num barco a remo para ir visitar os Peroutka, assobiando a música quando chegavam perto do cais, e a cadelinha — para o encantamento de Anne — vinha correndo recebê-los.

Tendo contado sua história, Anne assobiou a tal melodia —

---

* Lagoa perto de Concord, Massachusetts, onde morou por dois anos o escritor Henry David Thoreau (1817-62).

por incrível que pareça, ela não a esqueceu depois de tantos anos —, e na mesma hora a reconheci: era o tema de uma das *Danças eslavas* de Antonín Dvořák. A peça, uma suíte para orquestra, é tocada regularmente na estação de rádio WQXR, e costumo ouvi-la com um pouco de tédio, quase irritação. Mas quando Anne assobiou o tema, fui tomada pela emoção. Não sei bem como explicá-la — ele parece ter tido sobre mim um efeito semelhante que tinha sobre a cadela. Foi como se fantasmas de cinquenta anos atrás — meus pais, minha filha e eu mesma — estivessem me chamando das margens do Lost Lake, desencadeando em mim uma reação incontrolável.

Lembrei-me de uma outra coisa sobre os Peroutka que Anne, ao que parece, não sabia. Tem a ver com o outro cachorro, outra coisinha fofa, que foi o sucessor de Fifinka, e o fato extraordinário de que os Peroutka deram a ele o nome de Steinbach. Eu não imaginava que Peroutka fosse capaz de uma travessura dessas, e comecei a achá-lo um pouco menos frio do que antes. Quando os Peroutka convidavam Steinbach para ficar com eles no lago, tinham que dar um jeito de nunca chamar o cachorro pelo nome.

Deus sabe a verdade, mas espera. Acabo de ficar sabendo por que motivo fomos a Atlantic City em junho de 1949. Marie, que assumiu a tarefa de organizar o arquivo de meu pai quando os papéis da família vieram para nós com a morte de minha mãe, recentemente encontrou algumas coisas que ela deu a Anne. Resolvi ler uns trechos de um dos diários de meu pai, que estava entre essas coisas, e encontrei esta anotação de 1949:

11/06 — Viemos de carro para Atlantic City, para a convenção da American Neurological Assoc., com Joan, Janet e Marie. As meninas adoraram. Tempo excelente, banhos de mar. Elas voltam de avião no dia seguinte — domingo, 12/06, às 20h15. Vai ser a primeira viagem de avião para todas elas, e estão adorando a ideia. Eu fico até quarta-feira, 15/06, volto na noite de quarta. Convenção desinteressante — passar mais de dois dias em Atlantic City é um tédio (para dizer o mínimo).

Quando comecei a escrever este texto, eu tinha uma vaga e improvável lembrança de ir de avião para Atlantic City. Agora sei que de fato essa viagem aconteceu, mas continuo não me lembrando de nada a respeito dela. No diário, meu pai menciona mais alguns congressos de que participou em Atlantic City, inclusive um em 1950 que terminou com "a experiência emocionante de ficar uma hora sobrevoando Nova York num Constellation da Eastern Airlines, por causa da neblina e impossibilidade de pouso".

Lugares ruins

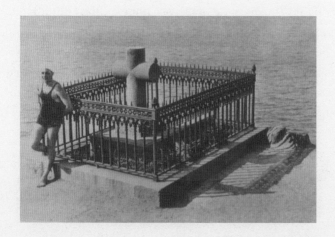

Muitas anotações dos diários de bolso de meu pai dos anos 1950 se referem aos espetáculos a que ele assistia na Metropolitan Opera House, no prédio antigo da Thirty-Ninth Street — demolido por estupidez —, normalmente acompanhado de um ou outro membro da família. Ele mencionava os nomes das obras, dos cantores e dos maestros, e depois fazia uma avaliação sucinta, no mais das vezes muito positiva ("excelente", "lindo", "extraordinário"), embora de vez em quando encontrasse alguma coisa que merecia crítica, como por exemplo a duração de uma montagem de *Figaro* ("interminável, das 20h às 23h45"), ou a obesidade de um cantor ("ridiculamente gordo"). Aqui e ali, registrava circunstâncias casuais, como esta: "No intervalo [da *Cavalleria rusticana* de Mascagni], fui beber com Janet no lobby do Grand Tier (uísque para mim, Tom Collins para Janet). Último espetáculo da nossa assinatura".

Nossos lugares não eram no Grand Tier — o terceiro nível, acima da plateia e dos camarotes —, e sim no quarto nível, denominado Dress Circle, acima do qual havia ainda mais dois, o Balcony e o Family Circle. Uma vez fiquei no mais alto de todos, que provocava vertigens; as vozes dos cantores chegavam até lá, mas suas figuras eram quase invisíveis, bonequinhos minúsculos fazendo gestos ridículos. No Dress Circle a visibilidade era bem melhor, mas os cantores ainda ficavam longe demais para serem vistos como os personagens que estavam representando. Só dava para ver suas expressões faciais usando um binóculo. Não me lembro de lamentarmos o fato de estarmos naquele nível e não num melhor, tal como não lamentávamos o dinheiro das pessoas ricas nem desejávamos ser ricos. O Dress Circle era o nível que podíamos pagar, e era o nosso lugar.

De vez em quando, mais recentemente, tenho tido a oportunidade de ficar na plateia e em camarotes, e ver ao longo de toda uma ópera o que eu só via em relances rápidos no tempo em que acompanhava meu pai: toda a gama de emoções expressa nos rostos dos cantores. Lembro da emoção quase histérica que vivenciei ao assistir — instalada numa poltrona perfeitamente localizada na plateia — a Renée Fleming e Dmitri Hvorostovsky na cena sofrida de separação ao final de uma montagem de *Evguiêni Oniéguin* na Met. Ouvir suas vozes era apenas uma parte da experiência que o compositor queria que tivéssemos.

A desigualdade da experiência do público é intrínseca às artes que se manifestam em espetáculos, e só a elas. A literatura, a pintura e a escultura são meios que proporcionam oportunidades iguais a todos. A experiência que um leitor rico tem de *Anna Kariênina* não é mais intensa do que a de um leitor pobre. Tanto o dono de um fundo de hedge quanto a secretária dele veem exatamente a mesma *Balsa da Medusa*. Mas só o dono do fundo de hedge vê a expressão no rosto de Azucena quando ela se dá conta de que jogou o bebê errado no fogo. Com sua *Live in HD*, série filmada de performances ao vivo e em alta definição, a Met tenta proporcionar igualdade aos espectadores de ópera. Aqui todos estamos sentados nos melhores lugares, por assim dizer, mas não é o mesmo que assistir ao vivo, no teatro. Falta alguma coisa nesses filmes. Ou, mais precisamente, alguma coisa foi acrescentada — o close extremo — que atenua a magia que atinge até os piores lugares do teatro após o apagar das luzes e o soar dos primeiros compassos da abertura.

Eu sentia essa magia naqueles espetáculos dos anos 1950. Mas sentia também o tédio de ficar muito tempo sem entender o que estava sendo dito. Na época, ainda não haviam inventado as legendas. A maior parte do tempo, a gente tinha que adivinhar o que os personagens estavam dizendo. No intervalo entre a hora que nos sentávamos e o início da ópera, líamos numa pressa desesperada a sinopse do libreto no programa, mas isso não ajudava muito. Era empolgante ouvir grandes árias cantadas por grandes cantores (Jussi Björling, Eleanor Steber, Cesare Siepi, Helen Traubel e Leonard Warren são alguns dos nomes que meu pai registrou fielmente); em alguns momentos, isso quase bastava. Mas ir com meu pai à ópera não era algo que eu e Marie disputávamos, nem que minha mãe fazia com entusiasmo. Às vezes, é o que os diários indicam, meu pai tinha que chamar um parente mais distante ou um amigo da família para ocupar o segundo lugar da implacável assinatura.

Na anotação que fez sobre a montagem da *Cavalleria* e de *Pagliacci* em que tomamos uísque e Tom Collins no Grand Tier, meu pai observou também que assistiu a uma montagem dessas duas obras na primeira vez em que foi à ópera, no Národní Divadlo (Teatro Nacional) de Praga, em 1911. Ele tinha dez anos. Isso me fez pensar na minha primeira vez: a *Carmen* de Bizet, à qual meu pai me levou quando eu era pequena — talvez aos dez anos, como ele —, mas não na Met, e sim numa companhia menor de ópera, num teatro pequeno de Manhattan. A lembrança não é muito nítida — não ouço nem vejo nada do espetáculo —, mas deve ter me causado uma impressão forte, pois até hoje *Carmen* é minha ópera predileta. Praticamente sei de cor toda a partitura. Na minha cabeça, ouço as vozes frágeis do coro infantil com que a ópera tem início, e o silêncio que desce sobre o público de repente durante o dueto amoroso entre Micaëla e dom José no primeiro ato, e a música ameaçadora do prelúdio do terceiro ato, no acampamento dos contrabandistas para o qual Carmen atraiu o patético dom José. Vou assistir a *Carmen* toda vez que tenho oportunidade. Já vi uma versão sueca em que Carmen cantava a "Habanera" deitada no chão; vi uma versão cinematográfica passada na África do Sul na qual dom José era um parlamentar que dirigia um jipe; e lembro de *Carmen Jones*, uma versão com atores negros passada na Segunda Guerra Mundial — nunca vi uma versão que não me agradasse. *Fausto*, composição de Gounod, mentor de Bizet, é outra obra que me dá prazer onde quer que eu esteja sentada. As duas obras têm em comum o toque francês a que meus pais eram sensíveis, sendo eles tchecos cultos que viviam em Praga nas décadas de 1920 e 30. O francês era seu terceiro idioma (o alemão era o segundo); eles conheciam bem a literatura francesa, e com frequência iam passar as férias na França.

Tenho uma fotografia, identificada no verso como uma foto de meu pai visitando o túmulo de Chateaubriand, que sempre me intrigou e me incomodou vagamente. Que espécie de memento tumular é a foto de um homem em traje de banho — daqueles da década de 1920, que cobrem o peito — encostado numa grade de ferro que forma um quadrado estreito em torno de uma cruz bulbosa cravada numa plataforma de pedra na areia à beira-mar? Meu pai está sorridente, e usa uma touca de banho branca. A impressão que dá é de uma performance dadaísta que não deu muito certo. Só agora, graças ao Google, é que fiquei sabendo que esse estranho túmulo (acessível apenas na maré baixa) existe de verdade — na ilha de Grand Bé, perto de Saint-Malo — e que o próprio Chateaubriand deixou instruções para ser enterrado nesse lugar insólito.

Um outro exemplo da forte ligação de meus pais com a França é o fato de que escolheram passar a lua de mel em Juan-les--Pins, na Riviera, em 1933. Quando menina, ouvi várias vezes a história de que a lua de mel deles foi estragada quando o meu pai derramou molho de carne na gravata. As crianças acreditam no que lhes contam. Levei muitos anos para me dar conta de que a história (que tinha o objetivo de ilustrar o lado obsessivo de meu pai) provavelmente não devia ser levada ao pé da letra. Muito tempo depois, estive em Juan-les-Pins com meu segundo marido, durante uma viagem pelo sul da França. Não achamos o lugar particularmente bonito nem interessante. Não visitamos, porém, a praia de areia — que contrasta com as típicas praias de pedras pretas da Riviera e que era o traço mais característico da cidadezinha, talvez o principal atrativo para turistas que vinham da Boêmia, onde não há costa marítima.

Mas foi a minha primeira visita à França, em 1960, com meu primeiro marido, que provocou em mim um caso crônico de francofilia. A meu ver, só mesmo uma pessoa completamente bronca seria incapaz de perceber que tudo na França parece mais bonito do que em qualquer outro lugar. Há uma espécie de esteticismo atávico na alma francesa. Os menores objetos de uso cotidiano têm um toque de beleza. A música de Bizet e Gounod é marcada por esse tropismo em direção à elegância e ao encantamento. "*Salut, demeure chaste et pure*", a famosa ária de tenor na cena do jardim do *Fausto*, que culmina com aquele dó inacreditavelmente agudo, é um exemplo excelente do prazer que meu pai buscava (e encontrava) no velho teatro lírico de seu novo país.

Mary Worth

No tempo da escola primária, eu lia furtivamente os quadrinhos do jornal vespertino que meu pai trazia para casa quando vinha do trabalho. Digo "furtivamente" não porque me tivessem proibido de ler os quadrinhos, mas porque eu sabia que meus pais não gostavam. Na verdade, eu não sabia coisa alguma. Não me lembro de eles terem tocado no assunto com Marie e comigo. O mais provável é que eles jamais tenham pensado em tal coisa. Mas por algum motivo eu havia enfiado na cabeça que ler quadrinhos era uma transgressão, e que eles nunca deviam me ver fazendo isso.

O que a gente devia ler eram os livros. Os livros eram coisas muito boas. Meu pai sempre nos dava livros como presentes de aniversário e de Natal. Ainda tenho alguns desses volumes, com dedicatórias dele: *David Copperfield*, por exemplo, que ganhei quando fiz dez anos, e *Memórias de um caçador*, de Turguêniev, quando completei doze anos. A ideia era nos apresentar a literatura clássica, e até certo ponto a ideia era boa. Mas (ao menos para mim) havia uma desvantagem. Para enfrentar esses livros que eu ainda não tinha idade para ler corretamente, aprendi a fazê-lo dentro das minhas possibilidades: pulando os trechos que me pareciam chatos (normalmente as descrições) e passando logo para os interessantes, de diálogo e narrativa, que empurravam a história para a frente. Esses péssimos hábitos de leitura permaneceram comigo muito tempo depois de serem muletas necessárias. O hábito de pular trechos já havia criado raízes em mim, e levei algum tempo para me dar conta de que, como a senhora que caminhava de luvas no campo, eu estava perdendo muita coisa, e que era melhor eu parar com aquilo.

Eu não devia dar a impressão de que meus pais eram esnobes em matéria de literatura, que só liam Grandes Obras e depreciavam formas mais humildes de escrita. Eles não eram como George Steiner. Eram assinantes do Clube do Livro do Mês, que lhes enviava "dividendos" mensais, tais como (lembro-me de ver esses livros por muitos anos na estante da sala) *Victory Through Air Power* [A vitória através do poder aéreo] e *Death Be Not Proud* [Morte, não se orgulhe]. O título do primeiro já diz tudo; o segundo, de John Gunther, era sobre a morte do filho dele, que teve um tumor cerebral. Li o livro de Gunther; não tenho certeza se li ou não *Victory Through Air Power*. Talvez esse volume nem fizesse parte da coleção do Clube do Livro do Mês. Mas o título é um lembrete de que esses anos de formação literária ocorreram à sombra da Segunda Guerra Mundial — ainda que eu não me lembre do impacto desse evento terrível. Eu me sentia protegida em Nova York durante a guerra. Apegava-me a minhas prerrogativas hedonistas de criança. Lembro-me de um momento em que me senti conscientemente deliciada por estar jogando *potsy*, uma forma de amarelinha jogada na calçada, num campo de linhas traçadas com giz formando quadrados. Sentada nos degraus da entrada de um prédio, ansiosamente aguardando a minha vez, fui tomada por algo assim como a consciência do êxtase.

Os cinejornais exibidos antes dos filmes durante a guerra —

tanques avançando, caças caindo em espiral, prédios bombardeados, navios alvejados — eram para nós, crianças, mais irritantes do que assustadores. Esperávamos que eles terminassem logo para que começasse o filme principal ou o desenho animado. Falávamos mais sobre os japoneses do que sobre os alemães. O termo "Holocausto" ainda não havia entrado para o idioma; os campos de extermínio ainda não haviam sido liberados por soldados aliados atônitos. Mas nós éramos uma família de refugiados judeus. Então eu não sabia nada a respeito do motivo que nos fizera imigrar e do destino de que havíamos escapado?

Havia um quadrinho no início de uma das histórias do jornal vespertino — a história chamada *Mary Worth* — que mostrava uma árvore e dois caminhos. A legenda, escrita com letras macabras, falava de alguém que estava perdido e em perigo. Antes que eu pudesse terminar a leitura, meu pai entrou na sala e eu joguei o jornal para o lado, para não ser apanhada em flagrante lendo uma história em quadrinhos. Mais tarde, tentei encontrar o jornal para terminar a leitura, mas não consegui. A sensação de medo transmitida pela imagem da árvore e dos dois caminhos ficou comigo durante muito tempo.

O apartamento

A imagem de uma peça de porcelana italiana surgiu na minha consciência. É um prato enfeitado com uma espécie de padrão de flores que imita arte folclórica, ramos vermelhos, verdes e rosados contra um fundo branco. Esse tipo de prato esteve na moda nos anos 60 e 70, entre as nova-iorquinas de classe alta. Era bonito e não era barato.

E não me agradava. Eu preferia peças simples, em estilo Bauhaus, vendidas em lojas como a Design Research (uma meca de design modernista, criada por um arquiteto modernista de vanguarda) e a Bonniers (uma loja sueca na Madison Avenue, com uma beleza serena e moderna, à escandinava). Mas para meus almoços furtivos com G. num conjugado, alugado sem móveis nas West Fifties, escolhi porcelana italiana, comprada em lojas de departamentos como a Bloomingdale's e a Lord & Taylor.

O adultério faz a pessoa sair de sua vida costumeira, por vezes de modos nada costumeiros. Nossos encontros amorosos no meio da tarde haviam começado no Belvedere Hotel, nas West Forties, perto dos escritórios onde trabalhávamos. Mas o hotel, que nunca fora luxuoso, estava cada vez mais decrépito, e um dia chegamos lá e descobrimos que havia se tornado um hotel para pessoas sem-teto. Assim, G. alugou o apartamento nas West Fifties para nossos encontros semanais (às vezes quinzenais) clandestinos.

Compramos também uma cama, uma mesa, uma toalha de mesa, duas cadeiras, talheres e taças de vinho. Uma vez chegamos ao apartamento e descobrimos que os pratos italianos haviam desaparecido. Alguém tinha entrado pela janela que dava para um beco e os levara. Nas semanas subsequentes, sumiram as taças, os talheres e a toalha de mesa, e por fim a mesa e as cadeiras. A cama ainda permaneceu por algum tempo, mas depois acabou sumindo também. Isso foi na época em que a criminalidade estava no auge em Nova York. O apartamento ficava num bairro mal-afamado; paramos de frequentá-lo, embora G. tivesse que continuar pagando o aluguel até vencer o contrato.

Anos mais tarde, G. (com quem eu estava agora casada) contou-me de um rápido encontro que tivera em Paris, poucos anos depois da guerra, quando esteve lá sozinho. Sua esposa havia ficado em Nova York, talvez por causa dos filhos deles, ainda pequenos. Num final de manhã, ele estava sentado num parque e começou a conversar com uma mulher atraente que estava ali perto, com uma criancinha. Quando já era quase meio-dia, ela o convidou para ir a seu apartamento, que ficava a um quarteirão dali. Lá chegando — havia sinais da existência de um marido, que estava no trabalho —, ela deu o almoço para o menino, botou-o para dormir, preparou um almoço sofisticado para ela e G. e depois foi para a cama com ele. G. me contou essa história como

146

quem relembra um sonho agradável. Não senti ciúme da mulher. A gente não sente ciúme de pessoas que aparecem em sonhos.

Na interpretação freudiana dos sonhos, o sonhador faz associações com os detalhes sonhados a fim de penetrar seus disfarces e descobrir qual é o tema "verdadeiro" e surpreendente do sonho. O analista faz perguntas sobre este ou aquele detalhe. "O que lhe vem à mente?", ele pergunta. "O que esse detalhe traz à sua mente?" "Nada", responde o paciente, "não me traz nada à mente." Por vezes, o paciente faz então um comentário sobre uma imagem ou ideia ou recordação trivial (ontem fui à lavanderia) que não tem nenhuma relação com o sonho — e que, é claro, acaba sendo a chave do seu significado. Surpreende-me a humildade da interpretação freudiana dos sonhos, o fato de que o analista se recusa a dar mais valor a suas ideias a respeito da realidade interior do paciente do que ao conhecimento superior do próprio paciente (embora ele próprio não tenha consciência disso). A interpretação do analista é apenas um resumo do que foi descoberto pelo próprio paciente. G. morreu em 2004, e não posso lhe pedir que faça associações ligadas ao seu "sonho" da mulher do parque. Tudo que posso fazer é apresentar algumas das associações que eu mesma derivei de outros relatos dele, na esperança de que a partir daí se revele alguma verdade sobre a vida imaginativa de G., e também sobre a minha.

Uma dessas histórias tem a ver com a participação de G. na guerra. Ele esteve no desembarque na Normandia no Dia D, e combateu na França e na Alemanha como tenente de infantaria. Mesmo trinta anos depois, um trovão forte ainda o assustava e o fazia encolher-se; era para ele uma madeleine de um ataque de artilharia inimiga. Em algum lugar na casa ele guardava uma caixa de medalhas. Quase nunca falava sobre suas experiências no exército. Por fim escreveu sobre elas num livro de memórias chamado *A Life of Privilege, Mostly* [Uma vida basicamente privilegiada], mas uma de suas experiências não foi incluída na obra. Ele me contou — numa noite em que, após o jantar, começou a falar de repente — que seu pelotão havia liberado um dos campos de concentração nazistas. Chorou ao relatar o que tinha visto, e eu chorei junto com ele.

A história que G. me contou sobre o seu encontro no parque — que em todos os detalhes atestava o que havia de leve, prazeroso e delicioso na vida — seria uma contranarrativa homeopática para compensar a história da guerra? A recordação de G. baseia-se em sua experiência pessoal de um modo caracteristicamente discreto. A respeito de uma batalha desastrosa (para os Aliados), a da floresta de Hürtgen, no final do outono de 1944, ele comenta que "foi o pior combate de toda a guerra", mas não entra em detalhes sobre a fome, o frio, a sujeira e o temor constante, e realista, de morrer a qualquer momento, que ele e seus companheiros de pelotão enfrentaram por dois meses. Ele me contou alguma coisa sobre esses meses. Mas não conseguiu se obrigar a escrever a respeito da obscenidade do campo de concentração.

Há uma outra história, mais leve, sobre a paixão de G. pela França e pelos franceses no período antes da guerra. Já comentei que meus pais eram francófilos. Quando criança, G. ia de navio para a França com a mãe, o padrasto e os irmãos menores, no mês de junho, e a família passava todo o verão por lá. Ele aprendeu a falar francês no primeiro verão, quando estava na idade perfeita para isso (oito anos). Jamais perdeu seu francês, e sempre sentia muito orgulho e prazer por falar o idioma como um nativo. Ele adquiriu as entonações, as cadências e até mesmo as expressões faciais de um francês. Transformava-se em outra pessoa quando falava a língua. Quando viajávamos juntos para a França, eu jamais ousava pronunciar uma única palavra no meu francês aprendido no colegial. Quando digo que G. se transformava em outra pessoa, creio querer dizer que ele encarnava alguém diferente do americano que era na verdade. Quando conheceu a mulher no parque, G. era aquela outra pessoa. Sua persona real não era tão diferente da assumida; na condição de francês imaginário, porém, ele conseguia atravessar a fronteira da moralidade convencional com uma facilidade e uma economia de que não seria capaz um herdeiro das tradições puritanas americanas. Nossos encontros clandestinos no apartamento das West Fifties eram um caso tipicamente americano de adultério, em que nos sentíamos terrivelmente culpados por estar traindo a esposa ou o marido. Era uma coisa suja. Era o oposto daquele encontro elegante e tranquilo em Paris, entre dois espíritos livres, ou mais livres.

Mas e o prato italiano que descrevi no início deste texto? O que ele representava para mim? Por que ele me voltou à mente depois de tantos anos? Sei a resposta a essas perguntas, porém — como uma criança teimosa — uma relutância me impede de revelá-la. Prefiro ser reprovada numa prova de redação a expor os segredos patéticos do meu coração. A prerrogativa de um silêncio covarde é preciosa para uma escritora que aparentemente se revela tanto. Peço desculpas por exercê-la aqui.

Sobre estar doente

Quando, na infância, eu adoecia, me vinham à noite imagens terríveis de globos planetários girando e girando, aproximando-se cada vez mais de um desastre horroroso e inexorável. Yeats, nos versos que abrem o poema "The Second Coming", escreve sobre um medo semelhante: *"Turning and turning in the widening gyre/ The falcon cannot hear the falconer;/ Things fall apart; the centre cannot hold"*.* Seriam essas minhas imagens oníricas de coisas redondas e terríveis, girando rumo a um catastrófico fim de mundo, mensagens do "inconsciente coletivo" junguiano, visões poderosas das verdades reducionistas de Jung? A lembrança que guardo dessas imagens — seja lá qual for sua condição ontológica — permanece comigo até hoje, ainda que felizmente elas próprias nunca mais tenham reaparecido.

Tenho outras recordações, menos terríveis, de doenças da infância. Dos males em si não me lembro nada — eram moléstias

---

* "Rodando em giro cada vez mais largo,/ O falcão não escuta ao falcoeiro;/ Tudo esboroa; o centro não segura." Tradução de Paulo Vizioli.

infecciosas típicas, como o sarampo, para as quais ainda não haviam inventado vacinas; nunca tive uma doença grave. O que mais ficou na memória é o quanto minha mãe nos paparicava, a mim e a Marie: o pombo assado e os profiteroles que mencionei antes, muito diferentes das papinhas insossas e coalhadas trêmulas que são as únicas comidas que os doentes supostamente conseguem ingerir. Para mim, essas ainda são as melhores iguarias de todas. Imagino que já estávamos convalescendo quando minha mãe se dava ao trabalho de prepará-las. Ela assava os pombinhos até eles ficarem bem passados. Os profiteroles eram feitos por ela desde o começo — na época, não havia massas prontas no mercado —, e depois derretia o chocolate e batia ela mesma o creme de leite espesso.

Minha mãe recorria ao caderno manuscrito de receitas (o qual herdei) que ela havia trazido da Tchecoslováquia. Eu estava tentando sem sucesso me lembrar da palavra tcheca que traduz "profiterole". Pois fui encontrá-la numa página do caderno de receitas: *indiánky*, "indiozinhos". A língua tcheca tasca um diminutivo sempre que tem uma oportunidade. O nome tcheco desse doce francês o torna mais caseiro para mim, evocando de um modo pungente os cuidados amorosos de minha mãe.

Sam Chwat

Uma vez por semana, na primavera de 1994, eu ia de bicicleta a um prédio de arenito pardo na West Sixteenth Street para consultar um homem chamado Sam Chwat, que atendia no térreo. Ele se dizia professor de dicção, e boa parte do seu trabalho consistia em treinar atores que iam interpretar os papéis de Próspero, ou de Creonte, por exemplo, e que não queriam que a plateia percebesse que eles haviam sido criados no Bronx ou no interior de Ohio. Mas eu não era uma atriz precisando de ajuda profissional. O que me levava a Sam era outra coisa, um pouco diferente de uma aula de dicção. Uma pessoa amiga que havia utilizado seus serviços para falar em público o recomendou para o advogado que estava me representando num processo na justiça. Dez anos antes, eu havia publicado na *New Yorker* um artigo em duas partes sobre uma questão ocorrida num desvão obscuro do mundo da psicanálise, e o personagem central desses textos, um homem chamado Jeffrey Moussaieff Masson, não gostou do modo como fora retratado, afirmando que eu o havia caluniado, inventando as citações que eram a base dos artigos. Assim, ele abriu um processo contra mim, a revista e a editora Knopf, que havia republicado os textos em forma de livro, sob o título *In the Freud Archives*.*

No posfácio a um livro posterior, *The Journalist and the Murderer* (1990),** escrevi sobre esse processo, assumindo uma postura muito elevada. Eu me colocava acima da disputa; encarava os fatos de uma distância glacial. Meu objetivo não era convencer as pessoas de que eu era inocente, e sim mostrar como eu escrevia bem. Relendo esse texto agora, fico admirada com o que há nele de ironia e distanciamento — e horrorizada com a burrice da minha abordagem. É claro que o que eu devia ter feito era tentar provar minha inocência. Mas eu estava imbuída da cultura da *New Yorker* dos velhos tempos — dos tempos em que a revista era dirigida por William Shawn —, quando o mundo que havia fora daquela maravilhosa academia habitada por uns poucos eleitos só existia para ser deliciado e instruído por nós; não devíamos jamais nos rebaixar com a finalidade de convencê-lo ou influenciá-lo a nosso favor. À medida que o caso Masson ia se arrastando pelos tribunais — primeiro indeferido, depois reaberto e por fim levado a julgamento —, o público foi gostando cada vez mais de ver aquela revista arrogante ser derrubada pelo comportamento de uma de suas redatoras. Enquanto Masson deu mais de duzentas entrevistas me acusando, eu — seguindo a postura de superio-

---

* Publicado no Brasil como *Nos arquivos de Freud*, tradução de Roberto Amado. Rio de Janeiro: Record, 1983.
** Publicado no Brasil como *O jornalista e o assassino*, tradução de Tomás Rosa Bueno. São Paulo: Companhia das Letras, 1990.

154

ridade implacável que caracterizava a publicação — não disse uma palavra em minha própria defesa. Absolutamente nada. E o nada, é claro, não produz nada, a não ser a confirmação da culpa.

Mas foi no tribunal que a influência da *New Yorker* foi mais negativa. A revista cultivava um estilo de autoapresentação que havia sido aprovada e adotada pela maioria dos redatores, ainda que não todos. A ideia era ser reservado na vida real: praticar um pouco de autoironia, ser engraçado de vez em quando, mas sempre conservar um perfil discreto, bem diferente do tom altivo da persona que assumíamos ao escrever. Lembro como fiquei chocada quando conheci pessoalmente A. J. Liebling. Eu lia seus artigos havia anos e o imaginava como um homem sofisticado, bonito, brilhante e bem-falante, a personalidade projetada pelo "eu" autoral. O sujeito com que me deparei era o oposto disso: baixinho, gordo e caladão a ponto de ser mal-educado. Com o tempo, vim a conhecê-lo melhor e a amá-lo. Mas demorou um pouco para penetrar o disfarce de despretensão — em parte inato e em parte induzido pela revista — com o qual ele circulava no mundo, através de seus artigos maravilhosos, na voz de um narrador incrivelmente imperturbável.

Quando fui depor no julgamento em San Francisco, em 1993, eu não poderia ter feito nada pior do que me apresentar no típico estilo da *New Yorker*. Reserva, autoironia e humor espirituoso são as últimas coisas que o júri quer ver numa testemunha. Charles Morgan, o advogado inteligente e experiente de Masson, não conseguia acreditar na sorte que tivera. Ele fez picadinho de mim. Caí em todas as suas arapucas. Passei uma imagem de arrogância, truculência e incompetência. Eu ao mesmo tempo pairava acima de tudo aquilo e era esmagada pelo que acontecia. Meu advogado, Gary Bostwick, conseguiu marcar alguns pontos contra Masson, fazendo-o parecer uma pessoa convencida e obcecada por sexo, mas não conseguiu compensar os pontos que ajudei Morgan a marcar contra mim. O júri concordou com a acusação de que cinco das citações que constavam no meu artigo eram falsas e caluniosas. Masson, jubilante, ficou só esperando para saber quantos milhões de dólares ele receberia de mim a título de indenização. (A *New Yorker* foi inocentada da acusação de irresponsabilidade necessária para um veredicto de *libel* [ofensa contra a honra]; a Knopf já havia conseguido dissociar-se do processo alguns anos antes.)

Então os deuses pregaram uma de suas peças, fazendo com que o caso desse uma reviravolta. Os jurados, após deliberarem, voltaram dizendo que estavam num impasse. Não conseguiam chegar a um consenso quanto ao valor da indenização. Uns achavam que Masson deveria receber milhões de dólares. Para outros, ele não devia ganhar nada. Um dos jurados concluíra que a indenização devia ser de um dólar. O juiz não conseguiu fazê-los chegarem a um acordo e foi obrigado a anular o julgamento e marcar outro. Eu havia sido derrotada da maneira mais ignominiosa, porém teria uma segunda oportunidade de provar minha inocência. *Ufa!*

É raro ter uma segunda oportunidade. Quando somos derrotados, nossas fantasias a respeito do modo como deveríamos ter agido permanecem no domínio da fantasia. Mas, no meu caso, a fantasia se transformara em realidade, e eu estava decidida a não desperdiçar a sorte extraordinária que tivera. Minhas consultas a Sam Chwat faziam parte da minha preparação para o segundo julgamento, que me ocupou por seis meses; foi quase uma campanha militar, a que eu e Bostwick nos dedicamos. Sam era o professor Higgins* que iria transformar a perdedora defensiva que eu fora no primeiro julgamento na vencedora tranquila que eu seria no segundo (e que acabei sendo, mesmo).

---

* O professor de dicção de *Pigmalião*, de Bernard Shaw, e do musical e do filme baseados na peça *My Fair Lady*.

A transformação se daria em duas partes. A primeira consistia em apagar a imagem da colaboradora da *New Yorker* como uma pessoa que não sai por aí se exibindo como um ser especial e genial. Não! O júri é como uma plateia de teatro, que quer se divertir. As testemunhas, tais como os atores, têm que jogar para a plateia, para que seu desempenho seja convincente. No primeiro julgamento, eu praticamente não prestara atenção ao júri. Quando Morgan me fazia uma pergunta, eu me dirigia só a ele ao responder. Sam Chwat imediatamente corrigiu esse meu erro: eu devia me dirigir ao júri, e só a ele. Como Morgan havia me utilizado para se comunicar com o júri, eu precisava aprender a usá-lo com o mesmo objetivo.

Havia alguns detalhes menores, mas não desprovidos de importância, que Sam inseriu nessa nova concepção da testemunha como atriz astuta. Eu devia me vestir de uma maneira diferente. No primeiro julgamento, eu havia usado as roupas que costumava trajar quando não estava com o *blue jeans* que era meu uniforme de trabalho — ou seja, saias e terninhos pretos ou de tons discretos, roupas bonitas, mas que não chamavam a atenção. A ideia era demonstrar bom gosto. Mais uma vez: não! A ideia era dar aos jurados a sensação de que eu queria agradá-los, como quem se veste bem para agradar seus convidados num jantar. Para isso, eu precisava seguir um "menu" — era o termo usado por Sam — de vestidos e terninhos em tons pastel, meias de seda e sapatos de salto alto, e diversas echarpes bonitas. Os jurados se sentiriam respeitados e ao mesmo tempo teriam o prazer estético que lhes proporcionavam as comentaristas de televisão que usavam roupas coloridas de imensa variedade. Segui a orientação de Sam, e depois que o veredicto foi anunciado, quando eu e Bostwick fomos falar com os jurados, eles fizeram questão de mencionar minhas roupas. Disseram que a cada dia ficavam se perguntando como eu estaria vestida da próxima vez, em particular como seria a echarpe por mim escolhida.

Havia um problema técnico aparentemente pequeno, mas da maior importância, que por algum tempo nem eu nem Sam conseguíamos resolver. O assento da testemunha ficava entre o atril do advogado que estava fazendo o interrogatório, à minha direita, e o júri, à minha esquerda. Como eu poderia jogar para a plateia de jurados se eu tinha que lhes dar as costas quando estava sendo interrogada? A resposta me ocorreu um dia de repente. Eu posicionaria a minha cadeira de forma que ela ficasse parcialmente voltada para o júri. Desse modo, quando Morgan me dirigisse uma pergunta, eu poderia responder virando a cabeça para ele, e mesmo assim ficar encarando os jurados.

A segunda parte da tarefa imposta pela minha segunda oportunidade, a parte mais crucial, era agir de modo mais rápido quando estivesse sendo interrogada, realizando a fantasia de dizer o que eu deveria ter dito no primeiro julgamento em vez do que acabei dizendo de fato. Bostwick supunha que Morgan iria repetir as perguntas que tinham funcionado tão bem para ele da primeira vez, e nós dois elaboramos respostas que levavam a níveis inéditos o *esprit de l'escalier*. No julgamento, Morgan não nos decepcionou. Confiante, repetiu as perguntas anteriores e ficou pasmo quando me saí com formulações novas e ágeis. Lembro-me de um dos momentos mais deliciosos. No primeiro julgamento, Morgan repetidamente me torturou e humilhou com a pergunta: "Ele não disse isso no Chez Panisse, disse?". Eu ficava me contorcendo na cadeira. Agora eu podia lhe responder com uma confiança esmagadora.

Neste ponto, é necessário fornecer ao leitor algumas informações. Nos primeiros meses do processo (que durou dez anos), Masson sustentava que não havia dito quase nenhuma das coisas que eu lhe atribuía no artigo. Quando realizaram uma transcrição das entrevistas gravadas, ficou claro que ele fizera praticamente todas as afirmações que negava ter feito. No entanto, restavam cinco citações que não apareciam na gravação:

1. "Maresfield Gardens seria um centro de estudos, mas também seria um lugar para sexo, mulheres e diversão."
2. "Eu era uma espécie de gigolô intelectual — você tem prazer com ele, mas não aparece com ele em público."
3. "[Os analistas] vão querer que eu volte, vão dizer que Masson é um grande estudioso, um analista importante — depois de Freud, o maior analista de todos os tempos."
4. "Não sei por que eu botei isso."
5. "Pois bem, ele estava falando com o homem errado."

Eu havia perdido as anotações manuscritas que bastariam para provar que eram verídicas as três primeiras citações, as mais incendiárias; só dispunha das versões datilografadas, que não eram aceitas como prova. Assim, segundo as regras do nosso sistema legal ultracauteloso, Masson tinha o direito de exigir um julgamento com júri. Dois anos depois do segundo julgamento, porém, as anotações perdidas foram encontradas na minha casa de campo, num caderno que minha neta de dois anos de idade tirou de uma estante, atraída pelo vermelho vivo da capa. Toda aquela confusão tinha sido por nada.

Nesse ínterim, porém, à medida que se aproximava o dia do julgamento, Masson e Morgan tinham um problema a resolver: como preencher o tempo do julgamento. As cinco citações — ainda que fizessem Masson parecer ridículo — certamente não justificavam fazer oito homens e mulheres ficarem sentados em cadeiras duras durante quatro semanas para decidir se ele devia ou não ganhar milhões de dólares de indenização. Para que eu pudesse ser pintada como uma mulher malévola, decidida a destruir a reputação de um homem ingenuamente confiante, era preciso encontrar outros crimes que fossem além de cinco linhas de citações não comprovadas. Resolveram que o crime em questão era a "compressão".

A oportunidade deles surgiu a partir de um incidente ocorrido em 1984, quando o *Wall Street Journal* publicou na primeira página um artigo escrito por Joanne Lipman, uma jovem que fora contratada para fazer parte da equipe do jornal ao se formar em Yale, em 1983. O artigo era a respeito das liberdades que o escritor Alastair Reid tomava nas reportagens que enviava do estrangeiro para a *New Yorker* desde 1951. Reid, nascido na Escócia, era acima de tudo poeta e tradutor — suas traduções mais famosas eram as de Jorge Luis Borges —, e também era conhecido por ter irritado profundamente Robert Graves ao roubar uma de suas namoradas "deusas brancas". Lipman conheceu Reid quando era estudante em Yale, ao ouvi-lo falar num seminário extracurricular e surpreender-se com a maneira nada convencional como, segundo o próprio Reid, ele praticava o jornalismo. Depois que começou a trabalhar no *Wall Street Journal*, ela entrevistou Reid, que detalhou sem nenhum constrangimento as suas práticas profissionais, que o jornal considerou horríveis a ponto de estampá-las na primeira página como prova das fraudes que a *New Yorker* estava impondo a seus leitores, em suas "páginas prestigiosas".

Reid confessou abertamente a Lipman que havia inventado fatos nas reportagens que enviara da Espanha. Relatara uma cena passada num bar que já estava fechado havia anos. Inventara conversas. Numa outra ocasião, revelou que havia combinado várias pessoas para formar um personagem composto. Como legislador não reconhecido,* sentia-se no direito de ir além do ponto a que ousavam ir os jornalistas que não eram poetas. Lipman escreveu:

---

* Referência a uma frase célebre do poeta romântico Shelley: "Os poetas são os legisladores não reconhecidos do mundo".

160

"'A ideia de que os fatos são preciosos não é importante', afirma o sr. Reid. 'Algumas pessoas (na *New Yorker*) aderem totalmente aos fatos. Já eu não escrevo assim. [...] Os fatos são apenas uma parte da realidade'". Lipman também entrevistou William Shawn, que tentou dizer que era claro que a *New Yorker* respeitava os fatos até onde isso é possível, ao mesmo tempo que não propôs que Reid fosse morto e esquartejado.

A matéria de Lipman detonou um escândalo no mundo do jornalismo, um escândalo que deu muito prazer às pessoas que não trabalhavam na *New Yorker* e que causou um tremendo constrangimento à equipe da revista. Lembro-me de ter ficado uma fera com Reid por ele ter escancarado coisas que fazemos nos nossos escritórios. Tive a impressão de que ele se afastava dos fatos mais do que nós, os outros jornalistas, éramos capazes de imaginar ou fazer, mas eu sabia também que alguns escritores da *New Yorker* — o grande Joseph Mitchell, por exemplo — utilizavam de modo discreto técnicas que eram semelhantes a algumas daquelas que Reid se orgulhava de usar. Mitchell havia ficado um tanto constrangido quando veio à tona que um personagem a quem ele dera o nome de sr. Flood era na verdade composto de várias pessoas.

O caso Alastair Reid caiu no colo de Morgan como a solução para o problema de ocupar o tempo que ele tinha à sua disposição para me pintar com as piores cores. Embora não tivesse de modo algum o mesmo desprezo que Reid tinha pelos fatos, eu havia usado sem culpa, quase sem pensar, um recurso literário em *In the Freud Archives* que era muito comum na *New Yorker*, mas que jornalistas de outras publicações — na atmosfera acusatória criada pelo artigo de Lipman — apontaram como mais uma violação da boa-fé do leitor. O recurso era o uso de monólogos sem interrupções, longuíssimos, numa linguagem correta demais para ser falada. Estava na cara que uma fala daquele tipo jamais havia ocorrido, e que ela era uma compilação do que a pessoa dissera ao repórter em várias ocasiões durante um determinado período. Nem todo mundo gostava da convenção, mas ninguém achava que era fraude, pois sua artificialidade era evidente.

Situei meu longo monólogo com Masson no restaurante Chez Panisse, em Berkeley, onde eu e ele almoçamos no primeiro dia das minhas entrevistas. No almoço, ele falou com muita veemência sobre os acontecimentos que o fizeram perder um emprego respeitável e bem pago, o de diretor dos Arquivos Freud, reduzindo-o à condição de desempregado, humilhado e indignado. Sua fala era furiosa e nem sempre coerente. No decorrer dos seis meses seguintes, conversei com ele dezenas de vezes pelo telefone e umas poucas vezes em pessoa, dando-lhe oportunidade para preencher os vazios em seu relato — e para encontrar maneiras cada vez mais criativas de manifestar seu sentimento de vitimização. Com base nisso, redigi meu monólogo. Jamais me ocorreu estar fazendo alguma coisa de errado por utilizar fragmentos que eu havia recolhido em momentos diferentes.

Mas a pergunta de Morgan — "Ele não disse isso no Chez Panisse, disse?" — dava a entender que o leitor estava sendo enganado, e era difícil de responder. Durante o período de preparação para o segundo julgamento, eu, Botswick e Chwat passamos um bom tempo pensando em uma solução. Por fim, nossos esforços resultaram na resposta que dei durante o julgamento, e até hoje me lembro do prazer que senti na ocasião. Foi uma longa fala sobre a técnica do monólogo, que Morgan a toda hora interrompia mas não conseguia deter. Eu falava de um modo implacável, explicando a diferença entre o relato completo e convincente da sua ascensão e queda nos Arquivos Freud que Masson apresenta no artigo e suas falas incoerentes e incompletas no restaurante. Eu contei sobre os meses de entrevistas a partir das quais, pouco a pouco, o monólogo foi se formando. E concluí dizendo: "Respondi à sua pergunta desta maneira indireta, sr. Morgan, porque eu queria que o júri compreendesse como eu trabalho, e sobre o que é que estamos falando aqui quando o assunto é o tal monólogo". "A senhora vai ter todas as oportunidades no mundo para explicar a este júri como a senhora trabalha, então não se preocupe com isso", foi a resposta nada brilhante de Morgan. Não me preocupei, mesmo. Eu já havia aproveitado minha oportunidade com todo o prazer. Quando Bostwick e eu entrevistamos os jurados depois do veredicto e lhes perguntamos o que achavam da técnica do monólogo, eles disseram que não viam nenhum problema nela. Era compreensível que os escritores tivessem obrigações artísticas.

No segundo julgamento, Bostwick aperfeiçoou seu desempenho como antagonista de Masson. Nos seus melhores momentos, parecia um toureiro driblando um touro. O interrogatório insistente de Bostwick fez com que Masson parecesse uma figura patética, muito mais do que no meu artigo. Quase cheguei a sentir pena dele.

Sam Chwat morreu de linfoma em 2011, aos 57 anos de idade. A notícia para mim foi um choque. Relembrei minhas sessões com ele, com a mesma gratidão e o mesmo prazer de antes. Era uma pessoa direta, modesta, bondosa, com uma mente poderosa e interessante. Embora jamais a manifestasse, ele sentia uma antipatia óbvia pela postura de indiferença que era cultivada pela *New Yorker* em relação ao que os outros pensavam. De modo discreto, corrigiu minha maneira de me apresentar no julgamento: se antes eu era recatada e cabisbaixa, passei a ser persuasiva e sedutora, e sua atitude e sua influência sobre mim me descortinaram novos horizontes de autoconhecimento e conhecimento da vida. Depois do julgamento, não tive nenhuma outra oportunidade de aparecer em público, nem procurei tal coisa. Retomei meus velhos hábitos de trabalho solitário e privacidade. Contemplando em retrospecto minha vida de escritora, não lamento ter aberto mão de uma postura escancaradamente performativa em favor da maneira menos óbvia como os escritores chamam a atenção para si próprios. Minhas lembranças da época da minha vida em que subi ao palco e representei como uma atriz numa trupe agora me parecem um tanto irreais. Mas permanecem indeléveis na minha memória os ensaios que realizei com o homem que me transformou, ainda que por pouco tempo, numa atriz.

Holbein

Mais algumas coisas a respeito do caderno vermelho. Depois que minha neta o encontrou, fui examinar o lugar na minha estante em que ele havia permanecido por tantos anos, para ver se encontrava algum outro memento da época em que nele anotei "sexo, mulheres e diversão", "eu era uma espécie de gigolô intelectual" e "depois de Freud, o maior analista de todos os tempos". Encontrei uma outra coisa: o folheto de uma exposição de retratos de Holbein na Morgan Library, à qual levei Masson e sua namorada alguns meses depois que comecei a entrevistá-lo na Califórnia. As entrevistas continuaram em Nova York, e foi numa dessas sessões na minha casa que ele pronunciou as palavras que se tornariam o carro-forte de seu processo. Fiz aquelas anotações porque havia quebrado meu gravador ao deixá-lo cair no chão.

No primeiro julgamento, quando Morgan tentou desacreditar meu relato da entrevista e da visita a Nova York, mencionei a exposição de Holbein para corroborar meu depoimento. Então uma coisa maravilhosa aconteceu. Morgan fixou em mim seu olhar de sr. Tulkinghorn* e disse: "Holbein é fotógrafo, não é, sra. Malcolm?". Todo meu desespero causado pelo julgamento, a sensação de que estava sendo derrotada, que eu estava sempre sendo passada para trás por gente mais esperta do que eu, tudo isso desabou quando eu ouvi esta deliciosa bobagem dita por Morgan. Depois disso, os amigos que haviam assistido ao julgamento ficaram rindo comigo, repetindo: "o fotógrafo Holbein".

Mas na verdade não aconteceu nada de maravilhoso. Quando corrigi Morgan, não houve uma onda de desprezo emergindo dos jurados. Os jurados não tinham o menor interesse em saber qual era o ganha-pão de Holbein. Pelo contrário, isso só reafirmou minha postura esnobe.

No capítulo anterior, falei da oportunidade que tive de dominar a arte de agradar um júri em vez de aliená-lo, e do resultado feliz desse meu aprendizado. Mas, à medida que a lembrança do julgamento foi ficando para trás, readquiri alguns dos meus hábitos antigos, os hábitos que fizeram com que a ignorância de Morgan em relação à história da arte me parecesse tão engraçada. A imagem mental do folheto da exposição de Holbein evoca o incidente e suas consequências — mas é só uma imagem mental. O folheto em si está perdido.

* Um advogado manipulador, personagem de *A casa soturna*, romance de Charles Dickens.

Uma obra de arte

Por muitos anos, meu falecido esposo, Gardner Botsford, manteve em sua mesa de trabalho uma pequena foto em preto e branco de um homem e uma mulher de bermudas, um andando atrás do outro numa quadra de tênis. Eu não sabia quem eram aquelas pessoas, e imaginava que fossem amigos de Gardner do tempo em que não éramos casados, pessoas que lhe eram queridas. Um dia perguntei-lhe quem eram; ele riu e disse que não fazia ideia. Havia recolhido aquela foto de uma pilha de coisas que estavam indo para o cesto de papéis. Ela lhe chamara a atenção por ser um exemplo notável de um instantâneo realmente ruim, uma foto com todos os defeitos possíveis. O casal estava de costas para a câmera; apareciam umas poucas linhas brancas da quadra; havia arbustos e árvores indistinguíveis de um dos lados do asfalto. Era só isso. Entendi o que meu marido via na foto e ri com ele. Não havia nenhum motivo para que aquela foto existisse. Guardá-la era um maravilhoso exercício de absurdismo.

Alguns anos depois, em 1980, passei a pensar nessa fotografia de um modo diferente. Eu estava escolhendo ilustrações para *Diana & Nikon*, o ensaio que dava título a uma coletânea de artigos meus sobre fotografia que haviam sido publicados na *New Yorker* sem ilustrações. Uma das passagens centrais do ensaio era uma discussão a respeito de um novo tipo de fotografia vanguardista que se inspirava nas fotos caseiras, e que era impossível de distinguir delas. Robert Frank, Garry Winogrand, Emmet Gowin, Lee Friedlander, Joel Meyerowitz e Nancy Rexroth eram alguns dos artistas que faziam parte dessa escola de fotografia deliberadamente antiartística, que havia sido recentemente celebrada num livro intitulado *The Snapshot* [O instantâneo], publicado pela Aperture. Na introdução do volume, o organizador, Jonathan Green, sentia-se na obrigação de informar os leitores de que os fotógrafos representados no livro "não eram amadores e sim fotógrafos sofisticados". Rexroth era talvez a mais sofisticada entre eles; ela usava uma câmera de brinquedo que custava um dólar e meio, chamada Diana (daí o título do meu livro), que também era vendida num modelo que esguichava água quando a pessoa apertava o obturador.

No ensaio "Diana and Nikon", eu reproduzia quatro fotos tiradas do livro *The Snapshot* para ilustrar a nova estética. Mas uma delas na verdade não vinha do livro de Green, e sim da mesa de Gardner: a foto do casal na quadra de tênis. Não resisti à tentação; a porta estava escancarada a minha frente. Quando o livro saiu, nas páginas 70 e 71, ilustrando a obra dos "fotógrafos sofisticados" incluídos em *The Snapshot*, apareciam quatro fotos devidamente acompanhadas de seus créditos: *Sem título*, de Joel Meyerowitz; *Sem título*, de Robert Frank; *Streaming Window, Washington D.C.*, de Nancy Rexroth, 1972; e *Sem título*, de G. Botsford, 1971.

O leitor talvez esteja curioso: como foi que uma travessura dessas passou despercebida? Será que ninguém na editora David

Godine reparou? Ou será que contei com a cumplicidade do simpático Godine? Como disse uma vez um personagem de A. J. Liebling, "a memória vai se tornando furtiva". Já não me lembro como a coisa foi feita, nem se Godine ficou sabendo. Mas lembro que quando *Diana & Nikon* foi publicado, ninguém que participou do livro *The Snapshot* mandou nenhuma carta indignada, nem sequer intrigada. Ninguém percebeu nada. Então aconteceu uma coisa que me deu mais prazer do que talvez qualquer outra antes ou depois. Um resenhista do meu livro, que não gostou dele e ficou particularmente irritado com o ensaio-título, escolheu a foto de Botsford para demonstrar o quanto eu estava equivocada, como eu era ridiculamente incapaz de diferenciar uma obra de arte de um instantâneo amadorístico. Pena que não guardei a resenha, para que pudesse citá-la agora. Mas o tom delicioso de condescendência ficou gravado na minha memória em caráter indelével.

Como se esse prazer maligno não fosse suficiente para uma existência, quatro anos depois a foto de Botsford foi reproduzida mais uma vez, num estudo histórico e crítico a respeito dos instantâneos intitulado *Say "Cheese"!* [Diga "Xis"!], de autoria de um colecionador e crítico chamado Graham King. No capítulo "Snapshot Chic: How Contemporary Photography Snapped Up the Snapshot" [A moda do instantâneo: como a fotografia contemporânea se apropriou do instantâneo], King aborda uma parte do terreno pantanoso que eu havia investigado em *Diana & Nikon*, e, para ilustrar o problema de como diferenciar um instantâneo falso de um autêntico, oferece um teste: oito imagens — uma delas a foto de Botsford — são reproduzidas sem identificação. "Instantâneo verdadeiro ou imitação?", pergunta King.

Há, entre essas oito fotos, instantâneos anônimos e exemplos profissionais da "moda do instantâneo". Você saberia dizer qual é qual? [...] Respostas na p. 212.

Na página 212, somos informados de que apenas três das imagens são anônimas. As outras — de William Eggleston (duas), Joel Meyerowitz, Tod Papageorge e Gardner Botsford — são "estudos profissionais que fazem parte de coleções importantes, ou então que foram publicadas". Acabei me saindo melhor do que pretendia. Aguardo o dia em que a foto do casal na quadra de tênis será incluída numa coleção importante, e eu entrarei para os anais das grandes imposturas.

Posfácio

Anne Malcolm

Como a maioria das pessoas, minha mãe aparece em muitas fotos tiradas ao longo de sua existência, e algumas delas são reproduzidas nestas páginas. Ela escreveu muito sobre fotografia: seu primeiro livro, *Diana & Nikon*, escrito antes de se concentrar nos temas que a tornaram mais conhecida — psicanálise, jornalismo, biografia e direito —, era uma coleção de ensaios sobre fotografia que ela escreveu na década de 1970, quando atuava como crítica de fotografia para a *New Yorker*.

Minha mãe era ela própria fotógrafa. Muito antes de eu nascer, adquiriu uma linda Leica com forro de couro, montou uma câmera escura num closet e começou a tirar fotografias notáveis, em preto e branco, de amigos e familiares. A câmera escura foi abandonada quando minha mãe precisou cuidar de seu bebê, mas ela continuou tirando fotos, que depois eram reveladas por profissionais: no apartamento dela há muitas gavetas cheias de contatos, das quais foram extraídas as fotos artísticas espalhadas pelas paredes da casa. Num envelope amassado, datado de meados da década de 1950 (ela tinha acabado de concluir a faculdade), encontrei uma lista de preços que ela havia preparado para cobrar como retratista profissional: a visão tantalizadora de um caminho que não foi seguido. Foi só nos seus últimos quinze anos de vida que ela se tornou uma profissional de fato, com uma série de estudos em formato grande — retratos, na verdade — de folhas de bardana, que foram exibidos na Lori Bookstein Fine Art, uma galeria nova-iorquina, e depois publicados no livro *Burdock* [Bardana].

O livro que o leitor tem em mãos era para ter um capítulo final, que a doença impediu minha mãe de escrever. Não sei muito bem o que ela tinha em mente; só sei que queria escrever uma coisa sobre o interesse pela fotografia, que a acompanhou a vida toda. Era um tema perfeito para ela, e seria o texto perfeito para encerrar este livro. É perda de tempo tentar imaginar o que ela poderia ter escrito; o idiossincrático e o inesperado eram sua assinatura. Em vez disso, cito um texto em que ela escreveu um pouco a respeito de seu trabalho como fotógrafa: a breve e brilhante introdução de *Burdock*.

Os retratos de gente famosa tirados por Richard Avedon me serviram de modelo para meus retratos de folhas nada famosas. [...] Os estragos provocados pelo tempo e as circunstâncias nos rostos que ele fotografava eram registrados de modo implacável, por vezes horripilante. Tal como Avedon dava preferência a rostos em que a vida deixara sua marca, eu procuro, em vez de espécimes jovens e intatas, folhas mais velhas, imperfeitas — folhas com as quais alguma coisa aconteceu. [...]

Existe uma crença ingênua de que a fotografia reproduz a realidade visual, mas na verdade as imagens recebidas pelos olhos e as que a câmera produz não são as mesmas. Tirar uma foto é um ato transformador.

A ideia de que a escrita também é um ato transformador é, evidentemente, uma questão central — talvez *a* questão central — de sua obra. O olhar da repórter, tal como o eu da repórter, está sempre em jogo. Mesmo no momento em que nos conta uma história, ela chama nossa atenção para sua presença, como a lente que está filtrando o que os ingênuos julgam ser a "realidade". Será que ela via alguma continuidade entre suas experiências com a fotografia na juventude e o ofício de escritora pelo qual acabou optando?

Numa resenha da exposição das colagens de minha mãe, Maureen Mullarkey observou com argúcia que "o olhar da escritora para o detalhe revelador é ativado pelo mesmo nervo que excita a inteligência imagética. [...] A carreira jornalística de Malcolm começou com artigos sobre decoração de interiores, design e fotografia. O visual precedeu — e, durante toda a sua atuação profissional, informou — tudo o que ela fazia". Minha mãe gostava de dizer que seu início de carreira na *New Yorker* — em que ela escrevia colunas sobre compras com títulos como "Presentes para o Lar" — foi um excelente aprendizado em matéria de descrever coisas. Antes de a fotografia a cores se tornar barata e generalizada, era a caneta que fazia o trabalho da câmera, e o talento que ela desenvolveu de transformar as "imagens recebidas pelos olhos" em algo que ganhava vida na imaginação visual do leitor permaneceu com ela até o fim.

Assim, é bem compreensível, e até mesmo previsível em retrospecto (mais um exemplo de seu dom de tornar o inesperado retrospectivamente óbvio), que, quando resolveu escrever uma espécie de livro de memórias, minha mãe tenha estruturado o texto em torno de uma série de imagens. Ela era famosa por desconfiar do que lhe parecia ser "a fraqueza da autobiografia". Seu ensaio curto intitulado "Thoughts on Autobiography from an Abandoned Autobiography" [Pensamentos sobre a autobiografia extraídos de uma autobiografia abandonada] começa assim:

> Percebo, ao escrever esta autobiografia, uma sensação de tédio provocada pelo projeto. Minhas tentativas de tornar interessante o que escrevo me parecem patéticas. Sinto que minhas mãos estão amarradas. Não posso escrever sobre mim mesma tal como escrevia sobre outras pessoas em meu trabalho jornalístico. Para essas pessoas, eu atuava como uma espécie de amanuense: elas ditavam suas histórias para mim e eu as recontava. Elas posavam para mim e eu desenhava seus retratos. Agora não há ninguém ditando para mim [...].
>
> A memória não é uma ferramenta do jornalista. A memória produz lampejos e pistas, mas não mostra nada com limpidez e clareza. Ela não narra nem esboça personalidades. Ela não se preocupa com o leitor. Para que seus escritos se tornem minimamente interessantes, o autobiógrafo tem que entrar em cena e atenuar o autismo da memória, a paixão que o que é tedioso nela desperta.

A autobiografia a que minha mãe se refere acabou sendo abandonada. Mas com o tempo ela encontrou uma abordagem diferente, caracteristicamente oblíqua. Os fragmentos autobiográficos que surgem neste livro insinuam-se nas bordas das vidas de outras pessoas. Sem dúvida, há episódios e passagens de natureza claramente autobiográfica: recordações de eventos, sentimentos evocados. Mais do que tudo, porém, somos apresentados à pequena Jana — à Jan adolescente — de modo indireto: como a sensibilidade observadora cujas impressões das pessoas que aparecem nas fotos desbotadas formam a narrativa deste livro. O problema do tédio na autobiografia desaparece, porque estamos olhando não para o eu por trás da lente da câmera, e sim pelo visor da máquina, ao lado da fotógrafa: uma solução caracteristicamente elegante. Imagens imóveis.

Sheffield, Massachusetts, fevereiro de 2022

Notas

1. Na verdade, essa imagem de Poděbrady também faz parte do mito; ao que parece, não era a aldeia camponesa que eu imaginava, e sim uma cidadezinha provinciana.

2. A utilização do gravador durante a entrevista me permite contornar essa minha característica que sem dúvida me desqualifica como jornalista. No entanto, pensando bem, eu me pergunto se na verdade muitas pessoas, talvez até a maioria delas, não se limitam a fingir interesse pelas respostas às perguntas que fazem, e se a palavra "empatia" na verdade não teria mais a ver com uma performance do que com um sentimento.

3. Aproximadamente, "idiota" ou "bobalhão"; a palavra tcheca *mumlati*, mencionada logo abaixo, quer dizer "resmungar".

4. Uma versão modificada de "A descoberta de Ella", corrigindo erros identificados por Linda, foi incluída no blog de Ken Strauss; aqui estou me referindo à versão original que Strauss entregou a Linda.

5. A legenda da foto foi corrigida na versão on-line.

6. Para complicar ainda mais essa história barroca, não está muito claro onde foi que o dr. Costigliola encontrou a pasta. No texto "The Discovery of Ella", ele afirma que foi no nº 1 da East Ninety-Third Street, mas ele deve estar equivocado: não há dúvida de que Ella Traub morou e morreu no prédio da East Seventy-Second Street mencionado por Linda (no qual minha família também morava). O texto "The Discovery of Ella" afirma também que os Traub moraram no nº 205 da East Eighty-Second Street, mas esse foi um endereço anterior.

ESTA OBRA FOI COMPOSTA POR ACOMTE EM MINION E IMPRESSA EM OFSETE
PELA GRÁFICA PAYM SOBRE PAPEL PÓLEN NATURAL DA SUZANO S.A.
PARA A EDITORA SCHWARCZ EM JANEIRO DE 2024.

A marca FSC® é a garantia de que a madeira utilizada na fabricação do papel deste livro provém de florestas que foram gerenciadas de maneira ambientalmente correta, socialmente justa e economicamente viável, além de outras fontes de origem controlada.